OBSERVATIONS

CRITIQUES

D'UN ROMAIN,

SUR LES REFLEXIONS

D'UN PORTUGAIS,

OU

NOUVEAU SUPPLÉMENT

AUXDITES RÉFLEXIONS

Sur le Mémorial des Jésuites, présenté à notre saint Pere le Pape CLEMENT XIII.

EN EUROPE.

M. DCC. LX.

AVERTISSEMENT.

Si le Public a reçu avec empref-
fement les Réflexions d'un Portugais, & l'*Appendix*, ou fupplément
à ces Réflexions, l'un & l'autre
traduits de l'Italien en François,
nous avons tout lieu d'efpérer qu'il
fera un accueil auffi favorable au
nouveau fupplément que nous lui
donnons. Il a été pareillement traduit de l'Italien, fur l'original imprimé à Rome fous le titre de Gênes,
en 1759, in 8°. C'eft une fuite néceffaire des deux premiers écrits. Il
a été compofé dans le même efprit,
& dans le même goût. L'auteur, Romain de naiffance & d'habitation,
également inftruit de l'hiftoire, de
la conduite, & de la doctrine des
Jéfuites, acheve de les dévoiler,
de les faire connoître pour ce qu'ils
font, & de les pourfuivre fans mé-

iv

nagement. S'il paroît n'annoncer que
des *Observations critiques sur les Réflexions d'un Portugais* , on sent , en
lisant son ouvrage , que ses vues sont
beaucoup plus étendues ; que son vrai
but est de suppléer à ce qui est omis
dans les deux écrits que l'on vient de
citer , & de donner plus de jour
à ce qui n'y est rapporté qu'avec trop
de briéveté , & seulement comme en
passant. Que de faits anciens & modernes n'a-t-il pas en effet réunis ? De
combien de réflexions fortes, pressan-
tes , judicieuses ne les étaye-t-il
point ? Il ne dit pas tout encore ,
parce qu'il ne veut rien dire que d'essentiel, d'authentique, de bien prouvé. Il critique aussi quelquefois l'ouvrage qui lui a donné lieu de faire le
sien ; & c'est par cet endroit-là seulement qu'on peut justifier le titre
d'*Observations critiques* qu'il lui a donné; mais sa critique est celle d'un ami,
qui marche sur la même ligne, qui tend
à la même fin , qui ne veut , comme

celui qu'il censure, que découvrir &
faire connoître des vérités importantes. La seule différence qui paroit les
séparer ; c'est que plus éclairé, ou
plus dégagé de tous préjugés que l'Auteur qu'il blâme quelquefois en le
commentant, il ne réalise point comme lui la chimère du Jansénisme, &
ne plie point le genou devant la Bulle
Unigenitus. S'il nomme deux ou trois
fois celle-ci, ce n'est qu'historique-
ment, sans la qualifier, & d'un ton
si sec, qu'il est facile de s'appercevoir qu'il en connoît toute la valeur.
A l'égard du prétendu Jansénisme,
non seulement il ne cherche pas à
lui donner l'être qu'il n'a point, il
s'élève même en vingt endroits, avec
toute la force possible, pour en dif-
siper jusqu'à l'ombre, malgré tous
ceux qui ont prétendu, ou qui pré-
tendroient encore le réaliser. Si son
style n'est pas toujours aussi précis
qu'on pourroit le souhaiter, il est

communément fort & plein de nerf. Nous n'osons nous flatter de l'avoir rendu tel qu'il est, dans notre traduction ; mais nous croyons que celle-ci est autant exacte & fidelle que le génie des deux langues peut le comporter.

OBSERVATIONS
CRITIQUES
D'UN ROMAIN,
AU SUJET

DES RÉFLEXIONS D'UN PORTUGAIS,

Sur le Mémorial présenté par les Jésuites à Sa Sainteté le Pape Clément XIII, contenues dans une Lettre envoyée à Lisbonne.

JE vous remercie, très-cher ami, de l'attention que vous avez eue à m'envoyer les Réflexions que l'on a faites sur le Mémorial que le peré Général des Jésuites a présenté à Sa Sainteté le 31 juillet. La peinture si avantageuse que vous m'en faites dans votre lettre, m'a engagé à les lire sur le champ : mon penchant, mon goût, autant que la curiosité, m'y ont porté. Mais pour vous faire part, avec liberté, de ce que j'en pense, je vous dirai que, depuis le commencement jusqu'à la fin, j'ai trouvé

A

beaucoup à redire. Quoi ? me répondrez-vous :
le voici : je vais vous l'expofer avec une pleine
confiance , & avec ma franchife ordinaire.
Dès le commencement , l'auteur veut prouver qu'il n'eft pas poffible, ou du moins qu'il
n'eft pas probable que les jéfuites aient préfen-
té un femblable Mémorial : il en apporte deux
raifons ; mais toutes deux fort caduques. La
premiere eft , qu'il n'étoit pas probable que
les jéfuites euffent fait l'aveu de leur crime ,
& demandé grace. Mais feroit-ce ·onc la premiere fois , que ces peres auroient fait un pareil aveu ? Il y a une infinité d'exemples du
contraire. Qui pourroit compter le nombre
de leurs rétractations ? N'ont-ils pas rétraélé la
propofition impie, foutenue par leur P. Antoine
Sirmond, & par tant d'autres Théologiens de
leur Société , qui décharge les chrétiens de l'o-
bligation fi étroite d'aimer Dieu ? Les premiers fupérieurs de la compagnie, unis à leur
pere Général , n'ont-ils pas condamné plufieurs fois ceux de leurs peres qui s'étoient déclarés les apologiftes des fuperftitions Chinoi-
fes ? N'a-t-on pas leurs rétractations au fujet
des ouvrages de leurs peres Hardouin & Berruyer ? Les Généraux Tambourini & Retz
n'ont-ils pas défavoué l'indigne morale de
leur pere Ghezzi ? Combien d'autres rétractations dont l'auteur même des Réflexions fait
une mention expreffe ? Ce qui vient de fe paffer à Paris n'eft-il pas encore un exemple de
ce que j'avance ? C'eft un fait connu que quatre peres Recteurs fe font préfentés au Parlement , qu'ils s'y font engagés, avec protefta-
tion , de croire & de défendre de toutes leurs
forces , les quatre propofitions arrétées en

1682 par l'Assemblée du Clergé de France,
quoiqu'entierement contraires à la Cour de
Rome & aux maximes du saint siége ; qu'ils
ont fait & signé sur cela l'acte qui leur a été
demandé, & qu'ils en ont requis une copie authentique. Tout le monde sçait que les jésuites ne se rendent jamais difficiles de faire de
semblables protestations, rétractations & promesses, dans les formes même les plus solem-
nelles, & de les accompagner, s'il le faut,
des sermens les plus terribles, lorsqu'il s'agit
de se tirer d'un mauvais pas, & d'endormir
par-là ceux qui ont la bonté de les croire ; que
dans le même tems ils sont fermement réso-
lus de ne rien observer de ce qu'ils ont promis ; qu'ils se sauvent, ou qu'ils croient se
sauver à force d'équivoques, ou de restrictions
mentales, ou en se couvrant du voile des con-
noissances qu'ils disent ne pouvoir communi-
quer, telles que sont celles que cache le sceau
de la confession sacramentelle, qui fait qu'un
confesseur peut, sans mentir, assurer qu'il ne
sçait pas ce qu'il n'a entendu que dans le tribunal de la pénitence. C'est ainsi que les Faure,
Senapa, Oddi & autres, ne se sont pas cru as-
traints aux sermens qu'ils ont faits (a).Person-
ne n'ignore enfin cet admirable secret qu'ils
ont de se replier comme ils veulent, en donnant aux termes le sens qu'ils jugent à propos
de leur donner, par exemple, que *oui* veut
dire *non*, & que *non* signifie *oui* ; ou en prenant le *oui* pour un son informe, qui ne signifie rien. Toutes ces façons d'agir sont li-

_____

(a) Voyez l'Appendice, ou supplément aux Réflexions, imprimé à Gênes en 1759, § XXII, page
289, &c.

A ij

4

cites, suivant les Docteurs graves de la Société ; quoiqu'à la premiere vue, & pour qui n'a pas étudié les cas de conscience, ou la Théologie morale qui est en vogue dans la Compagnie, tout cela paroisse répugner également & aux loix de l'honneur, & à celles d'un galant homme. (a) C'est ce que l'on a vu évidemment peu après la promesse même que les Jésuites ont faite au Parlement, de soutenir les quatre propositions du Clergé dont je viens de parler. A peine le public étoit-il informé de cette promesse, que plusieurs d'entre eux allerent trouver M. le Nonce ; lui avouerent ce qui venoit de se passer ; retracterent la parole que les quatre Recteurs avoient donnée ; nierent qu'ils eussent le pouvoir & l'autorité de faire ce qu'ils avoient fait ; & promirent qu'on les verroit toujours opposés, comme par le passé, aux quatre propositions en question. Leur excuse & leur rétractation furent très-bien accueillies. Leur démarche eut le même sort que celle qu'ils avoient faite dans de pareilles circonstances ; on la crut sincere, elle fut reçue avec bonté ; & les Jésuites n'éprouverent que de la clémence, & un accueil favorable de la part du Nonce & de la Cour de Rome. Cela suffit pour vous prou-

____

(a) On peut lire les noms de ceux qui ont enseigné cette doctrine sur le mensonge, dans le t. 1, de la Morale pratique des Jésuites, chap. I, art. 3, p. 133 & suiv. On y rapporte les propres paroles de chacun, & l'on cite les ouvrages dont elles sont tirées ; tout lecteur peut les consulter. A l'égard de l'interprétation que les Jésuites donnent aux mots, & qui est contraire à leur sens naturel, il faut lire le pere Cataneo, & la réponse que lui a faite le sçavant Cardinal Orsi.

ver que la premiere raifon que l'Auteur des
Réflexions apporte pour fe juftifier de ce qu'il
n'a pas cru d'abord que le mémorial fût vrai-
femblable, s'écroule par elle-même. Je ne vois
pas non plus que les Jéfuites de Rome ayent
dû avoir plus de difficulté d'avouer au Pape
que leurs confrères du Paraguai avoient eu
tort d'ufurper ce pays, & de vouloir foutenir
leur ufurpation les armes à la main contre
les Rois d'Efpagne & de Portugal ; de confeffer qu'ils étoient en faute pour avoir fomen-
té & excité la révolte des Portugais contre
leur Souverain ; d'envahir & d'exercer un
commerce qui comprend également les Indes
Orientales & les Indes Occidentales, & toute
la terre même ; & de couvrir ce commerce
fous le fpécieux voile de la prédication de
l'Evangile ; de promettre enfuite que leur Général feroit ceffer ces attentats ; de montrer
même une lettre, écrite par ce pere à fes Religieux, contenant les ordres les plus formels,
& les expreffions les plus fortes, les plus vives & les plus énergiques, pour les obliger à
changer de conduite ; pendant que d'un autre
côté le même Général mandoit en particulier à fes Religieux dudit pays, qu'ils euffent
foin de marcher toujours fur la même ligne,
& de fe donner de garde d'abandonner ce qui
leur avoit coûté tant de foins, de travaux &
de temps, & qui leur procuroit des richeffes
fi abondantes. Pour moi, j'en fuis fi peu furpris, que je me fuis bien attendu qu'ils ne
prendroient point d'autre parti ; celui-ci leur
a toujours réuffi ; l'exemple du paffé me ré-
pondoit du préfent. Quelque clairvoyant que
fût le Parlement de Paris, ne le tromperent-

ils pas èn 1561, lorſqu'ils promirent de ſe dé-
ſiſter du nom de *Jéſuites*, & de celui de *Compagnie de Jéſus*, pour en prendre un autre ;
qu'ils ſeroient ſoumis à la juriſdiction de l'E-
vêque diocèſain ; que celui-ci auroit tout pouvoir de chaſſer de la ſociété ceux qui ſe con-
duiroient mal ; qu'ils étoient prêts de renoncer à tous les privilèges qui ſeroient préjudi-
ciables aux Evêques, aux Chapitres, Curés,
Paroiſſes, & à l'Univerſité ? On a encore l'acte qui contient ces conditions, en vertu deſ-
quelles le Parlement enregiſtra leur admiſ-
ſion. Les Jéſuites cependant en ont-ils depuis
obſervé une ſeule ? Ils ſçavent parler & agir
ſelon les lieux & les temps ; leur prudence
eſt admirable ; & l'on peut dire, avec vérité,
que chez eux un frère-lai pourroit donner des
leçons de politique au Chancelier de Grena-
de & de Valladolid ; & même au Conſeil
d'Etat du Roi d'Eſpagne. C'eſt ce qu'on lit a
la page 172 de l'Apologie que fit un de leurs
peres, de trois ſermons qui furent prononcés
lors de la béatification de S. Ignace, que le
pere Sollier a traduits en François, & qu'Antoine Meynier a imprimés à Poitiers en 1611.
On ne ſçait que trop auſſi cette forfanterie
d'un de leurs Généraux, que l'on croit être le
pere Oliva, qui dit à un Seigneur : *Voyez-
vous, Monſeigneur ; de cette chambre je gouverne tout le monde, ſans que l'on ſçache comment.*
Un autre avoit dit la même choſe au Duc de
Briſſac, & le pere Centurioni, auſſi Général, la
répété en dernier lieu dans les mêmes termes
au feu Card. Doria. Mais, peut-être ont-ils con-
ſidéré que leurs promeſſes & leurs ſermens
ſont tombés dans un entier diſcrédit, puiſqu'ils

font dans l'ufage de ne les point obſerver ;
particulièrement à Rome , & qu'ils peuvent
fe vanter de deux cents ans de preſcription ,
comme l'Auteur des Réflexions l'a démontré.
La feconde raiſon de cet écrivain n'eſt pas
mieux fondée que la premiere. En effet , il
importe peu aux Jéſuites de faire une choſe
qui ſoit injurieuſe au Roi de Portugal , &
beaucoup moins encore au Cardinal de Saldanha. Après avoir tiré à eux , & ravi des
mains des ſujets du Roi Très-Fidèle , la plus
grande partie du commerce , tant en Amérique , que dans l'Europe & l'Aſie ; ce qui eſt
prouvé par le décret dudit Cardinal ; après
avoir uſurpé une étendue immenſe de pays
dans le Paraguai & le Maragnon , & avoir
ſoutenu ouvertement pendant pluſieurs années la guerre la plus réelle & la plus ma-
nifeſtement déclarée ; après avoir tenté de ſuf-
citer dans le Portugal diverſes revoltes , telle
que celle de Porto , qui a été prouvée juridiquement ; après avoir fait une guerre ſemblable au Roi d'Eſpagne , uſurpé pareillement
une partie de ſes domaines , & tenté de mettre la diſcorde dans ſa Cour : enfin , après
avoir conſpiré contre la vie ſi précieuſe des
Rois & des Souverains , voulez - vous qu'ils
aient quelque difficulté de faire au Roi Très-
Fidèle , & au Cardinal de Saldanha une injure,
renfermée dans un ſimple morceau de papier,
qui n'eût meme preſque été connu de perſonne , ſi eux-mêmes ne l'euſſent rendu public , dans la vue de montrer à la face de toute
la terre , qu'ils ne dépendoient ni des Cardinaux , ni du Roi , ni du Pape. Lorſqu'ils
étoient moins riches & moins puiſſans ; & ,

par cette raison, plus modérés & plus modestes, ou, pour mieux dire, moins impudens; quelle part, vous le sçavez, n'eurent-ils pas dans une de ces conjurations qui faillirent à renverser l'Angleterre? Quelle fut leur conduite à l'égard d'Henri IV, lorsque ce prince fut assassiné? Ils firent ce qu'ils ont fait plusieurs fois envers le Roi de Portugal actuellement régnant, & ce qu'ils ont fait en dernier lieu d'une manière plus funeste & plus malheureuse, puisqu'ils en vouloient à la vie de ce Prince, que Dieu, par des raisons dignes de sa sagesse incompréhensible, a sauvé miraculeusement de ce dernier assaut; par où il a fait voir que toutes les conjurations, & les entreprises contre la vie d'autrui, n'ont pas toujours l'effet que l'on s'en étoit promis; que souvent même, par un arrangement particulier de sa providence, elles en ont un tout contraire, & qui n'est tragique que pour les méchans. Si je voulois m'engager plus avant dans cette matière; si je voulois faire ici passer en revue tous les attentats que ces Religieux ont commis contre les Papes, les Cardinaux, les Souverains, les Evêques, je serois assurément trop long; & que ferois-je d'ailleurs, que de répéter ce qu'on lit dans cent ouvrages, & ce que personne n'ignore? Je suppose qu'il vous sera venu de Gènes un livre imprimé cette année, qui a pour titre, *Appendice*, ou supplément *aux Réflexions d'un Portugais sur le Mémorial du pere Général des Jésuites, présenté à Sa Sainteté, le Pape Clément XIII, &c. ou Réponse de l'ami de Rome à l'ami de Lisbonne;* vous verrez dans cet ouvrage, & vous l'y verrez dans un grand détail, les preuves de ce que je vous ai dit jufqu'ici, & de ce que je vous dirai dans la fuite ; en forte que cet *Appendice* peut être regardé comme le fommaire de la préfente critique que je vous envoie. L'Auteur des Réflexions devoit auffi faire remarquer le courage étonnant des Jéfuites, & qui a fa fource dans la protection incompréhenfible dont ils jouiffent, dont ils jouiront, & qui augmentera à proportion que l'intérêt, l'ambition & l'ignorance auront le plus d'empire ; régne qui fera toujours d'une longue durée, & d'une grande étendue. C'eft à affermir de plus en plus cette protection, que ces peres mettent tout leur foin, toutes leurs penfées, qu'ils font jouer tous leurs artifices, qu'ils font ufage de tous leurs talens, de leur induftrie, & de tout ce qu'ils peuvent imaginer de plus fubtil. Au refte, l'Auteur des Réflexions n'a pas oublié de faire mention de la lettre, exceffivement impertinente, que le Cardinal Bellarmin écrivit au Pape Clément VIII, à qui il devoit fon élévation ; ni des thèfes injurieufes qui furent foutenues contre ce Pape, & contre Paul V ; ni encore de la réponfe fi pleine de hauteur qu'un des Généraux de la Société fit à l'un de ces deux Papes, qu'il ofa menacer, que fi l'on eût condamné la doctrine de Molina, on auroit vu plufieurs milliers de Jéfuites prendre la plume pour attaquer la cenfure, fans qu'on eût pu les en empêcher. Depuis le Pape Urbain VIII jufqu'à préfent, combien n'a-t-il pas été lancé d'excommunications contre eux, foit à l'occafion du commerce univerfel qu'ils ont fait & qu'ils font ux yeux de toute la terre ; foit au fujet des rits idolâtres & superstitieux qu'ils favorisent & qu'ils pratiquent, soit enfin à l'occasion de tant d'autres crimes, tous graves, tous importans ! Quel cas en ont-ils fait ? Aucun. Au contraire, ils n'ont cessé par leurs écrits d'injurier & d'insulter le S. Siége, les Papes, les Cardinaux ; & loin d'en avoir reçu la punition qu'ils méritoient, ceux-mêmes qu'ils ont insulté les ont respecté, estimé, caressé, élevé ; & ils en ont pris, comme auparavant, la défense, au grand déshonneur du S. Siége. Il y a plus ; ils sont venus à bout de se persuader, & ils ont voulu le faire croire aux autres, que l'Eglise n'a personne qui lui ait rendu autant de services que les Jésuites ; que ces peres sont les murs qui défendent la foi contre les attaques de ses ennemis, qu'ils sont les boulevards de notre Religion ; que la société est comme un roc d'où pendent mille boucliers, & les armes les plus fortes qu'on puisse employer pour la défense de Rome. Ils n'ont jamais fait attention, que pendant que les Jésuites n'ont d'autre but que de faire l'apologie de leurs dogmes pervers, & de leur morale encore plus détestable, ils feignent de défendre Rome, quoique ce soit contre elle-même qu'ils dirigent leurs coups, lorsqu'ils les portent contre tant de Théologiens, savans & pleins de zèle pour la doctrine de J. C., qui s'opposent à leur Théologie anti-chrétienne par des écrits aussi solides qu'ils sont pleins de force & de lumière, que les Jésuites veulent cependant faire passer pour hérétiques & pour ennemis du S. Siége, & dont ils obtiennent la condamnation. C'est ainsi qu'ils ont traité MM. Arnauld, Nicole,

& Pafcal, duquel on a dit *que les faintes Let-*
tres Provinciales feroient bien mieux placées
qu'un Breviaire entre les mains des Cardinaux.
Mais ce que je viens de dire fuffit. Plus de
détail allongeroit trop ma lettre. Je vous renvoie à celle qui a été donnée à l'occafion dés
doutes propofés aux Cardinaux affemblés à
Paleftrine, & à une autre de même trempe,
qu'on a vu dans le dernier Conclave où elle
a été envoyée; lettre encore plus injurieufe
que la premiere, où l'on attaque les Cardinaux les plus refpectables, & dans laquelle
l'Auteur aveuglé par l'orgueil le plus excef-
fif, prefcrit des loix pour l'élection du Pape; lettre enfin infultante pour les Souverains Pontifes, & particulièrement pour Benoît XIV, que l'infolent écrivain ofe traiter
de fauteur des hérétiques. On voit par ces
lettres fi les Jéfuites fe font la plus légère
difficulté de s'élever avec infulte, je ne dis
pas feulement par écrit, je dis même par les
faits, contre quelque perfonne que ce foit,
même contre les Souverains. Et quoique ces
exemples fuffifent, foyez perfuadé que j'en
tais un nombre bien plus confidérable.

PREMIÉRE RÉFLEXION.

»L e Général de la Compagnie de Jéfus re-
» préfente l'extréme affliction & le préjudice
» que caufent à fon Ordre, les *événemens fi*
» connus du Portugal; d'autant qu'à l'occafion
» de l'imputation des crimes très-graves que
» l'on a faite à fes Religieux, &c. «

L'Auteur des Réflexions s'appefantit ici fur un détail de chofes vaines & fuperflues, pendant qu'il néglige de faire obferver le terme *événemens*, employé par le Pere Général pour fignifier des crimes exécrables, des actions très-graves, inféparables du crime de Lèze-Majefté, des fautes du premier ordre, des fautes capitales ; & qu'il va en quelque forte fe perdre dans un amas d'obfervations fur le fens du terme *imputer*. Quiconque, fans rien favoir de plus, lira cette maniere de s'exprimer, *les événemens connus du Portugal*, il lui femblera qu'il n'étoit queftion que d'un procès, ou d'une conteftation au fujet de quelque reddition de compte, d'une difpute entre deux habitations qui auroient un puits au milieu, ou de quelque droit prétendu de préféance entre des Religieux dans une proceffion publique ; ou de quelque chofe de femblable à ce vieux procès de quelques laïcs qui plaidoient fur un bonnet rond ou à quatre pointes, dont le Pere Jouvenci, hiftorien des Jéfuites, fait le récit dans le Livre onzième de fon ouvrage, n° 83. *Des événemens ! Hélas !* eft-ce ainfi que l'on qualifie *ces crimes très-graves*, dont fa Révérence entend parler dans la ligne fuivante, dont les Jéfuites ont été accufés, qui ont obligé un Roi & un Cardinàl délégué du Pape, à procéder contre eux & à les condamner ? Voilà ce que j'appelle fe jouer des mots, en leur faifant fignifier tout ce que l'on veut, felon fon intérêt ou fon caprice ; les mettre dans le même rang que la pipée qu'on employe pour attraper de petits oifeaux ; ou fe conduire comme celui qui chaffe aux allouettes & aux petis finges. Ce n'eſt pas feulement donner aux mots une fignification ou plus étendue ou plus reſtrainte ; c'eſt leur en donner une abſolument contraire au ſens propre & naturel, qui, fans que les autres s'en apperçoivent, en change toute la ſubſtance. L'Auteur des réflexions pouvoit en faire beaucoup ſur cet article, au lieu d'employer tant de pages ſur le mot, *en imputant*, dans lequel néanmoins eſt renfermé tout ce que le Pere Général veut dire. Il eſt vrai, comme le dit l'Auteur, qu'*imputer un crime à quelqu'un*, c'eſt proprement le charger induement de ce crime : mais on peut faire cette imputation à quelqu'un, ou en lui attribuant des actions fauſſes, ou en prétendant que les actions innocentes ou indifférentes que l'on veut mettre ſur ſon compte, ſont des crimes très-griefs. Le premier eſt un pur menſonge, qui eſt inexcuſable : il provient d'un mauvais cœur, & couvre le menteur d'infamie. Le deuxième eſt une erreur ſpéculative de l'intellect ; on peut s'en degager par un examen attentif qui faſſe reconnoître ſi tel fait eſt, ou non, une action criminelle. Suſanne fut ſurpriſe nue dans ſon jardin, par deux hommes qui voulurent attenter à ſa chaſteté. Elle refuſa d'y conſentir. Si elle eût acquieſcé au deſir de ces hommes, & qu'en conſéquence on l'eût accuſée d'adultere, l'accuſation eût été bien fondée ; mais ſelon les Jéſuites on auroit dû dire qu'on lui imputoit un crime très-grief ; parceque quoique le fait fût certain, le droit ne l'étoit pas ; c'eſt-à-dire qu'il n'étoit pas certain qu'elle eût péché en conſentant à ce que l'on deſiroit d'elle.

Et c'est pour cela que le Pere Corneille de la Pierre, commentateur si estimé des Jésuites, qu'ils citent souvent en chaire, assure qu'elle pouvoit, sans commettre aucun péché, satisfaire la passion effrenée des deux vieillards. Voyez son commentaire sur le prophéte Daniel chap. 13, ver. 1-23. La raison qu'il en donne, *c'est que l'honneur & la vie sont un bien plus grand que la pudicité, & qu'il est permis d'exposer celle-ci pour conserver les autres.* Il est vrai que l'Ecriture Sainte dit précisément le contraire dans l'endroit même où elle fait le récit de l'histoire de Susanne, & que le Saint-Esprit, parlant par la bouche de cette sainte femme, dit : *il m'est plus avantageux de tomber entre vos mains, que de pécher devant Dieu.* Mais Corneille de la Pierre est un auteur grave, & un écrivain Jésuite, & selon le sentiment de ses confreres, il fait une opinion probable. j'ajoute : que le Pere Général ne dit pas que les faits que l'on impute à ses religieux, ne sont pas vrais : & en effet peuvent-ils être plus clairs, plus évidens, plus certains, moins niables, tels que sont, par exemple, les usurpations des provinces, les soulevemens des peuples, ce commerce bas, honteux, vil, & si public qu'il n'est ignoré de personne ? Tout cela est si connu que l'Auteur des Réflexions pouvoit s'épargner la peine de revenir sur cette matière. Mais le Général dit, qu'on *impute* à sa Société des crimes très-graves ; & ce qu'il veut dire, c'est que le Roi prétend que ces faits, qui ne sont pas nés d'aujourd'hui, mais qui ont bien déja une centaine d'années, sont des crimes très-graves, des

fautes énormes, pendant qu'on ne peut les
qualifier ainsi, parce que, selon la morale de
la Société, ce font toutes actions très-licites.
Quelle apologie n'a-t elle pas fait de son commerce dans ce nombre de lettres, qu'elle a
fait imprimer à Rome dans son Collège, quoiqu'elle ait supposée qu'elles venoient de Gènes! Le pere Forestier, de la même Compagnie, n'a-t-il pas aussi tenté de faire croire
que si ses confrères se sont maintenus, même
à main armée, dans le Paraguai & dans le
Maragnon, c'etoit pour empécher les marchands Anglois de s'en emparer. D'où il faut
conclurre, que loin qu'il y ait dans toute
cette conduite aucun crime grave, il n'y a
pas même un péché véniel, puisqu'elle n'a
pour fin que la plus grande gloire de Dieu.
D'où il faut encore tirer cette conséquence,
que sa Révérence a raison de dire qu'on n'op-
pose à sa Société que des *imputations* ; &
qu'ainsi l'Auteur des Réflexions réve, & qu'il
crie sans sçavoir quel est l'objet de ses clameurs. Que le Roi & ses Ministres prouvent,
s'ils en ont le courage, que ce que les peres
Jésuites ont fait depuis tant d'années, ce qu'ils
font encore, & ce qui est sçu de toute la
Cour Romaine, qui ne les en comble pas
moins d'éloges, qui continue de les estimer,
de les élever, de les protéger, de les respecter même comme des Saints, puisse être
traité de crime grave. Qu'on le prouve même
par écrit, & dans le plus grand détail, &
l'on verra cent Jésuites prendre la plume
pour réfuter tout ce qu'on dira. Si ces peres
ont bien pu soutenir que l'Héréfie, le Maho-
métisme, l'Idolâtrie ne font point un péché ;

que les Hérétiques, les Turcs, les Payens loin d'être obligés d'abandonner leurs fauſſes religions, feroient mal d'y renoncer, s'ils ſont intérieurement perſuadés qu'elles ſont bonnes. S'ils ont enſeigné cette doctrine dans un grand nombre d'ouvrages ; ſoyez aſſurés qu'ils ne manqueront pas de hardieſſe pour montrer que ce qu'on leur impute aujourd'hui comme crime grave, n'eſt nullement un péché. Pour le prouver, ils n'auroient beſoin que de cette ſeule raiſon, qu'ils ſont tous perſuadés du contraire, & que tout ce qu'on leur impute n'éfleure pas ſeulement leur innocence. Leur autorité ſeule forme une déciſion irréfragable en genre de morale. Un Jéſuite l'a dit ; cela ſuffit. Or un Jéſuite ne prend point pour régler ſa morale ni les Canons des Conciles, ni les écrits des Saints Peres : au contraire, il mépriſe les uns & les autres; & ceux qui les étudient ſont, à ſes yeux, ſuſpects d'héréſie : il ne ſe régle pas non plus ſur l'Ecriture ; ſon unique règle eſt ſa propre conſcience. Selon lui, *ce que prononce la conſcience eſt la règle formelle & la plus prochaïne des mœurs.* C'eſt ce qu'enſeigne le fameux pere Caſnedi; (t. 1, diſp. 5, ſect. 2. §. 1, n°. 22). (*a*) Il dit de plus que Dieu a donné des *pré-*

(*a*) Voyez auſſi Sanchez *in præcept. Decalogi*, liv. 2 chap. 1, n° 6, to. 1, pag. 86, édit. de Lyon en 1661. Caſtropalao, *De virtutib. & vit.* tr. 4, diſput. 1, art. 12, n° 13, part. 1, pag. 258, édit. de Lyon 1656. Térille, dans ſa Regle des mœurs p. 2, queſt. 61, p. 245, col. 1, n° 59. Platel dans ſon abrégé de Théologie, p. 3, c. 1, §. 2, n°. 61, pag. 41, édit. de Cologne 1658. Erard Bill, en ſon Tr. de la foi. Tannerus, Matthieu Stohs, Gobat, &c.

ceptes directs, qui font toujours juftes, & infaillibles; & des *préceptes réfléxes*, qui font
ceux qui conviennent aux erreurs des hommes (t. 2, difput. 15, feȼt. 4, §. 2, n°. 93);
& qu'il eft de foi, que celui qui fuit une doctrine qui eft fauffe en foi, ne péche point,
s'il la juge invinciblement vraie, c'eft-à-dire, fi fa confcience la lui fait juger telle:
(t.2, difp. 11, feȼt. 11.§. 9, n°. 465; & difp. 13,
feȼt. 4, §. 5, n°. 173). De là vient que, fe
conformant à cette doȼtrine, le très-célébre
pere Sirmond dit dans fon *prædeftinatus*, que
S. Paul n'a point péché en perfécutant l'Eglife
de Dieu; qu'il a, au contraire, imité le zèle
d'Elie; & que le pere Cafnedi, que j'ai déja
cité, compte des Saints & des Elus dans l'E-
glife de Dieu, parmi ceux qui ont paru en être
féparés par l'héréfie ou par le fchifme (t. 4,
difp. 7, feȼt. 3, §. 1, n°. 83, & en beaucoup
d'autres endroits.) Je m'arrête là; & je vous
renvoie à une lettre, imprimée depuis peu
d'années, dans laquelle on examine, fi la non-
acceptation de la Bulle *Unigenitus* eft un péché mortel, & où l'on rapporte les autorités d'un grand nombre de Jéfuites, tous Théologiens d'un grand poids, qui foutiennent
que fi un Calvinifte, ou un Lutherien, un
Turc même, ou un Infidéle, eft perfuadé que fa religion eft bonne, non feulement il n'eft point tenu d'en changer,
il ne le doit même pas. Ainfi, tant que
les Jéfuites ne regarderont pas comme péché les crimes que le Roi de Portugal & le
Cardinal vifiteur leur impute, on ne pourra
les juger ni criminels, ni délinquants; & c'eft

par cette raison que le pere Général a très-
bien & fort à propos employé l'expreſſion, *en
imputant.*

II. RÉFLEXION.

»L'on a obtenu de Benoît XIV. un Bref
» qui députe M. le Cardinal de Saldanha
» pour Viſiteur & Réformateur, avec de très-
» amples pouvoirs.

En vérité, l'Auteur des Réflexions eſt bien
ridicule. Il auroit voulu que le titre de *Réformateur* n'eût pas chagriné les Jéſuites,
pendant que ce nom déplaît à tout le genre
humain. Dès que l'on s'apperçoit que quelqu'un s'annonce ſur ce pied-là, il eſt mal
accueilli, & cela par deux motifs. Le premier, c'eſt que le ſeul mot de Réforme annonce que l'on a quelque choſe de mauvais,
de gâté, de mal ordonné, & que l'on a beſoin d'une main qui rétabliſſe, qui guériſſe,
qui remette en ordre. Qu'un ami s'apper-
çoive que nous avons un habit découſu ou
déchiré, n'en ſommes-nous pas contriſtés.
Le ſecond motif, eſt que toute Réforme annonce quelque gêne, & que nous ne pou-
vons goûter tout ce qui reſtraint notre liberté que nous aimons plus que toute autre
choſe. On objecte l'exemple de l'Egliſe elle-
même aſſemblée à Trente, qui s'occupa de
ſa réforme, & qui la conclut ; mais c'étoit
l'Egliſe qui ſe réformoit elle-même ; elle
ne recevoit pas cette Réforme des mains d'autrui. Qu'on laiſſe les Jéſuites ſe réformer à

leur mode, ils ne fe plaindront point, parce qu'ils fçavent bien de quelle maniere ils accommoderont toutes chofes ; que la Réforme qu'ils feront ne les génera point, qu'elle tournera à leur avantage, & qu'elle leur plaira fans rien gâter dans leurs actions. Il eft vrai que dans les fiécles paffés on a réformé prefque tous les autres Ordres Religieux ; & même plufieurs fois. Mais qui oferoit égaler la Compagnie de Jefus aux autres Ordres de Moines & de Religieux ? Ce feroit vouloir comparer un vieil éléphant avec un infecte qui ne feroit né que d'avjourd'hui. La Compagnie de Jefus n'a point d'égal ; c'eft quelque chofe de plus fublime, de plus grand, de plus univerfel, de plus parfait : elle a été formée & établie non pour être réformée, mais pour réformer tous les autres Ordres, & l'Eglife elle-même. Et en effet ne l'a-t-elle pas réformée, comme je vous le ferai voir évidemment, & en moins de paroles qu'il fera poffible ? Le plan de fa Réforme embraffe toute la nature, & comprend tous les fiécles, & toutes les Nations de la terre. Le plan formé par les Apôtres n'étoit pas plus vafte ; outre fon étendue, celui de la Compagnie, a cela de particulier qu'il eft proportionné à la foibleffe humaine, & plus propre à réuffir dans l'exécution. La prédication des Apôtres caufa fubitement dans le monde un grand ébranlement, & il parut d'abord qu'elle l'avoit tout renouvellé. Mais ce changement dura peu ; les Chrétiens fatigues de la peine & de la violence inféparables des combats qu'il falloit livrer à leur génie, & aux penchans de leur nature, en affujettiffant fans réferve leur entendement & les lumieres de la raifon à la Foi ; en faifant tout le contraire de ce à quoi les portoient les aiguillons de la chair, les mouvemens impétueux de la concupifcence, & les faillies de l'amour-propre, qui nous eft fi naturel, ne tarderent pas à retourner à leur premiere vie, c'eft-à-dire, aux Coutumes relâchées des Payens, & à donner toute liberté à leur génie & à leurs penfées fur les objets de la croyance dont on les avoit d'abord perfuadés. La Foi ne fut plus leur guide ; ils ne prirent confeil que de la raifon humaine ; ils lâcherent la bride à leurs paffions ; ils rechercherent les plaifirs corporels, les richeffes, les honneurs, pour être plus en état de fatisfaire les autres objets de la cupidité ; l'avarice, l'ambition, l'orgueil devinrent leur partage. De-là naquit cette multitude d'héréfies qui altérerent les dogmes de la Foi : De-là ce torrent de coutumes dépravées qui corrompirent la difcipline, & qui ont rempli le monde de crimes : De-là ce dépériffement dans la Foi & cette inondation de péchés, qui ont fait gémir durant tant de fiécles, jufqu'à ce jour lumineux où les Jéfuites fe font imaginés de réformer l'Eglife, en faifant entrer les héréfies dans fon fein par la maniere dont ils ont expliqué les Myfteres qui choquoient la raifon des partifans de l'erreur ; & en mitigeant tellement la morale que ce qui étoit péché ne l'eft plus, & que ceux dans lefquels on tombe, & que l'on connoît pour tels, s'effacent plus facilement qu'on ne les commet, comme le dit un de leurs Peres. Leur Réforme confifte donc en ce que voyant que l'on n'eſt pas maître de changer les hommes comme l'on voudroit , ils ont penſé à les prendre tels qu'ils ſont & à ne tirer de chacun que ce que l'on peut. Ils eurent en conſéquence , & ils continuent d'avoir, une grande condeſcendance pour les paſſions des hommes ; ils mirent & mettent encore leur attention à les conduire plus par la raiſon que par l'autorité & par la Foi. Ils ont jugé qu'il falloit ſe rapprocher d'eux & s'accommoder à eux pour mettre des bornes à leur méchanceté. La ſévérité de la Morale Evangélique leur avoit donné de l'éloignement pour la Religion Chrétienne ; par leur Réforme ſage & pleine de charité ils ont penſé à l'adoucir , en l'expliquant de la maniere que l'on voit dans leurs caſuiſtes, plûtôt que de les précipiter dans le déſeſpoir en la conſervant telle que l'Evangile nous l'enſeigne , & en demeurant fermement attachés à cette rigueur Evangelique. Ce qu'il y avoit de plus difficile , c'étoit d'applanir la hauteur de nos Myſteres , qui étourdiſſent , pour ainſi dire, l'eſprit de l'homme, & qui les font reculer d'étonnement : cependant cet applaniſſement étoit néceſſaire pour empêcher que la foi des Chrétiens ne fît naufrage , & qu'elle ne ſe perdît tout-à-fait. Cette réforme fut imaginée par ſa Société dès ſa naiſſance, & par des hommes du plus grand génie. Mais l'affaire étoit délicate , & demandoit beaucoup de prudence pour l'exécuter. Trop de précipitation l'auroit fait manquer : on n'en auroit pas tiré l'avantage que la nouvelle réforme ſe propoſoit , parce qu'on ſe ſeroit vu accablé par tous les anathèmes des Puiſſances Eccléſiaſtiques, comme il eſt arrivé à Luther & à Calvin. Il étoit donc néceſſaire de travailler à ce plan peu à peu & par gradation, pour y accoutumer inſenſiblement les eſprits, afin de ne point s'attirer ſans néceſſité une foule d'ennemis & de condamnations, en voulant élever ce plan trop ſubitement. Celui qui en jetta les premiers fondemens fut le pere Louis Molina, Jéſuite Portugais, avec ſon livre *de la Concorde*. Il eſt certain que ce livre excita de grandes clameurs, qu'il ſouffrit de toute part les contradictions les plus fortes ; & que malgré l'eſtime qu'en faiſoient les confreres de l'Auteur, il courut grand riſque d'être anéanti dans les Congrégations *de Auxiliis*. Mais la Société para ce coup qu'elle avoit prévu ; & à force de manèges, d'intrigues & de tout ce que la politique peut inventer de plus ſubtil & de plus adroit, le livre ſe ſoutint. On peut voir ce détail dans les différentes hiſtoires de ce qui s'eſt paſſé dans les célèbres congrégations que je viens de nommer. Les Jéſuites échapés de ce mauvais pas par la mort de Clément VIII, leur ſyſtème courut un plus grand danger ſous Paul V, par qui il manqua d'être renverſé. Ce Pape vouloit, à quelque prix que ce ſoit, lancer contre Molina la foudre que ſon prédéceſſeur avoit préparée, & que la mort ſeule l'avoit empêché de faire éclater. La diſgrace que les Jéſuites ne tarderent pas à éprouver à Veniſe, d'où ils furent chaſſés, leur fut utile pour arrêter le bras de Paul V, qui étoit déjà levé pour les frapper. Ils lui firent accroire qu'on ne les avoit expulſés, que parce qu'ils avoient voulu garder l'interdit que le Saint Pere avoit lancé contre la République, quoique le Sénat eût protesté qu'il ne les avoit renvoyés que pour d'autres motifs d'une toute autre importance: & en effet, les Capucins fortirent bien de Venife, mais ils n'en furent point bannis; & ils y retournerent peu après. Paul V ayant donc confenti à retenir quelque temps l'anathème qu'il vouloit lancer; les Jéfuites obtinrent de lui qu'il imposeroit filence aux deux partis; & ainfi l'on mit de niveau leur doctrine, quoique jugée hérétique, & qu'on avoit été fur le point de déclarer telle folemnellement, avec celle de S. Augustin & de S. Thomas, qui, jufques-là, avoit été regardée conftamment comme la doctrine de l'Eglife Catholique. Ce délai & cette forte d'égalité que l'on mit entre les deux doctrines, fervirent comme de bafe pour appuyer le fyftème des Jéfuites, qui dès ce moment commença en effet à prendre pied, & même à triompher. Les adverfaires de ce fyftème n'ayant plus la liberté d'attaquer ceux qui le foutenoient, ceux-ci en devinrent plus hardis à l'enfeigner plus ouvertement: ils fe crurent en droit de faire voir les premiers traits de leur nouvelle Religion, de leur doctrine, & de la Réforme qu'ils avoient projettée, & qui dans fon origine leur avoit attiré une tempête fi furieufe. Ce fut comme le fignal de cette victoire que cette Réforme jéfuitique a remportée depuis, & de l'étonnant progrès qu'elle a faite. Depuis plus de cent ans, jufques aujourd'hui, que ces faits fe font paffés, perfonne n'a ouvert la bouche contre cette prétendue Réforme: le plus grand nombre des Ecoléfiaftiques, les réguliers comme les féculiers, &

la plus grande partie des Evêques, l'ont em-
braffée. Le petit nombre de ceux qui ont eu la
hardieffe ou la témérité de fe foulever contre
elle & contre fes auteurs, fe font vus accablés
& opprimés par les Puiffances Eccléfiaftiques
& féculieres. Moyennant le crédit, le pouvoir
énorme, & les intrigues de la Société, on les
a chaffés des Cours, en les faifant paffer calomnieufement pour Janféniftes. C'eft par
cette voie que les Jéfuites fe font frayés le
chemin où ils vouloient marcher pour mettre au plus grand jour le plan qu'ils s'étoient
propofé, de faire difparoitre en quelque forte
les myftères, de rendre clair ce qu'ils ont de
plus obfcur, & de les accommoder à la capacité de la raifon humaine; tels que font les
Myftères de la Trinité, de l'Incarnation, de
la Grace, du péché originel, &c. L'Ecriture
Sainte & la Tradition étoient encore un obftacle à leur réforme. Mais à l'égard de la premiere, ils ont fi bien fait qu'on la lit peu,
qu'on l'étudie encore moins; fous prétexte de
délivrer de leurs doutes les efprits fcrupuleux,
ils ont fait, & font encore tous leurs efforts
pour bannir même les traductions : ils ont
décrié les textes originaux, en faifant paffer
l'étude de ces textes comme une occupation
qui fent l'héréfie; ils ont même reftraint ceux-
ci à la feule vulgate; encore leur pere Hardouin a-t-il fait naitre fur cela tant de difficultés, qu'à l'entendre, on ne peut trouver
aucune édition à laquelle on puiffe fe fier.
Depuis, autant qu'ils l'ont pu, ils ont ceffé
d'en faire ufage dans leur Théologie; enforte
que l'on peut dire, qu'ils fe font débarraffés
de cet obftacle. Enfin leurs peres Hardouin

&

& Berruyer en font venus en dernier lieu au point de retrancher d'un feul coup tout ce qui pouvoit leur nuire & leur faire quelque empêchement, en traçant le plan d'une nouvelle Bible, conforme à leur fystême, où ce qu'il y a de plus incompréhenfible dans les Myftères fe trouveroit expliqué, ou abfolument fupprimé. Pour ce qui eft de l'autre point, je veux dire la Tradition, qu'ont ils pu faire de plus que ce qu'ils ont fait pour la faire difparoître? Puifque leur pere Hardouin a décidé que les ouvrages des anciens, & en particulier ceux des Saints Peres, font tous apocryphes; que ce ne font que des impoftures de certains moines du treizième fiècle, les productions d'écrivains impies, qui ne croyent pas même en Dieu. C'eft en fuivant de point en point ce plan de réforme, que l'on prêche, que l'on catéchife, qu'on adminiftre le Sacrement de la Pénitence: c'eft fuivant ce même plan, que les Jéfuites compofent des livres de fpiritualité, que les Eccléfiaftiques réguliers, & encore plus les féculiers forment des corps de Théologie fcholaftique & morale. Si l'on en excepte un petit nombre, prefque tous les Prélats du monde Chrétien & Catholique font imbus de la même réforme; prefque tous y conforment les enfeignemens qu'ils donnent à la jeuneffe dans les écoles. Non, cette réforme n'eft point une idée chimérique: pour peu qu'on ne foit pas entiérement aveugle; pour peu que l'on ait encore une étincelle de raifon, & qu'on veuille s'en fervir, on la voit, on en fent la réalité. Je ne fuis pas le premier qui l'ait remarqué, & qui en parle: un grand

Théologien l'a fait clairement obſerver avant moi dans ſes écrits. Cela poſé, n'ai-je pas eu raiſon de dire qu'il étoit ridicule à l'Auteur des Réflexions de prétendre que les Jéſuites duſſent accueillir en paix un Réformateur, & le porter en quelque ſorte ſur leurs épaules ?

III. RÉFLEXION.

„Ce n'eſt pas ſeulement en Portugal que ce
„ Bref a été rendu public par l'impreſſion ;
„ mais on l'a réimprimé & répandu dans toute
„ l'Italie.

Dans cette Réflexion, l'Auteur s'élève contre les Jéſuites, comme ayant rempli le monde de clameurs & d'impoſtures. Mais examinons un peu, & de ſang froid, cette matière. Le premier Avril 1758, Benoît XIV donne un Bref par lequel il nomme & conſtitue le Cardinal de Saldanha pour Viſiteur & Réformateur des Jéſuites dans tous les Etats du Roi de Portugal. Ce Bref eſt imprimé, & réimprimé, non-ſeulement en Portugal, mais auſſi en Italie. Le pere Général ſe plaint de cette publication dans ſon Mémorial. L'Auteur des Réflexions dit que les Jéſuites en ſont la cauſe, par leurs clameurs qui ne finiſſoient point, & par les impoſtures, toutes de leur invention, qu'ils ont écrites & répandues par toute l'Europe. A parler ſincérement, il me paroît que le pere Général ſe plaint ſans fondement ; mais je ne vois pas, d'un autre côté, que, comme le dit l'Auteur, on doive faire un crime aux Jéſuites des murmures dont il parle,

des difcours calomnieux , injurieux & fédi-
tieux qu'il leur reproche. Sa Révérence a tort
de fe plaindre , parce que le Bref étoit peut-
être comme celui *d'Autel privilégié perfonnel,*
qui avoit été accordé à un de fes Religieux ,
& qui a été le premier Bref de cette efpèce ;
ce qui fit , qu'à raifon de la nouveauté de la
chofe , on appelloit le Jéfuite qui l'avoit obtenu , *le pere Autel privilégié :* duquel Bref on
n'auroit jamais rien fçu , fi celui à qui il avoit
été accordé n'en eût rien dit , puifqu'il n'étoit
aucunement néceffaire d'en parler. Le Bref
donné au Cardinal de Saldanha emportoit
avec foi la néceffité d'être exécuté publiquement, non-feulement à Lisbonne , ce qui étoit
déjà beaucoup , mais de plus dans tous les
Etats de la domination du Roi de Portugal ;
& non-feulement en Europe , mais encore
dans l'Amérique , dans l'Afie. Cette exécution ne pouvoit fe faire fans bruit , fans éclat;
& quand ce Bref eut été enfermé *dans ce centre fi profond & fi ténébreux , où le Dante a
logé les Brutus & le Caffius* (a), on n'auroit
pu en ôter la connoiffance au monde entier ,
& le fouvenir en feroit paffé à tous les fiè-
cles à venir. Les Hiftoriens de la Société
eux-mêmes auroient été forcés de l'inférer
dans leur hiftoire , ainfi qu'ils ont fait de plufieurs autres événemens défagréables arrivés
à la Compagnie. Je fçais bien qu'à cela le
pere Général pourroit me répondre , qu'à la
vérité , on n'oubliera point de rapporter dans
l'hiftoire de la Société ce qui concerne ce

(a) Berni.

Bref; mais que cette histoire n'étant écrite qu'avec une grande prudence & beaucoup de discernement, le récit que l'on fera, causera peu de peine. On n'imprime d'ailleurs, ou même l'on ne compose la suite de cet ouvrage, que quatre-vingt ou cent ans après que les faits se sont passés. Ainsi, le premier tome de l'Histoire de la Société, qui contient ce qui est arrivé vers le temps même de S. Ignace, ne parut qu'en 1615, c'est-à-dire, soixante-quinze ans après la fondation de son ordre. Le second volume, qui commence à l'année 1556, n'a vu le jour qu'en 1620, par conséquent plus de soixante ans après 1556. Le troisième tome, qui est du pere Joseph Jouvancy, commence en 1591, & est continué jusqu'en 1615. Mais on ne l'a mis en lumiere qu'en 1710, environ cent ans depuis les évenemens qui y sont rapportés ; lorsqu'il n'y avoit plus de témoins des faits, & par conséquent lorsqu'on pouvoit leur donner telles couleurs que l'on jugeoit convenables, adoucir ce qui eût été trop rude, altérer tels endrois avec grace & avec adresse, & faire que le diable ne soit pas aussi bête qu'il est. Il est vrai, en effet, que cette histoire est tellement composée, que tout y est déguisé de façon, que ce que l'on y raconte n'y est jamais présenté que sous une face différente de celle qu'elle auroit si l'on se fût conformé à la vérité, & tout autrement que les faits sont rapportés par les historiens contemporains, que ceux de la Société traitent sans façon, par ce motif, d'écrivains passionnés, malévoles, imposteurs, d'hérétiques mêmes, s'il le faut ; ainsi que le fait le père Jouvancy, qui eſt toujours monté ſur le ton chagrin contre Monſieur de Thou. A l'égard de ce que l'Auteur dit que les Jéſuites ont fait retentir partout leurs clameurs, & ſemé leurs impoſtures, je crois qu'il y a ici une équivoque. Il faut faire attention que les affaires du Portugal étoient connués de toute l'Europe ; car le Pape dit dans ſon Bref, que *le bruit eſt que tous les Royaumes, de même que tous les peuples de la terre en ſont informés.* Or ſi elles n'étoient ignorées d'aucune nation, ni d'aucun pays, c'eſt une conſéquence néceſſaire que l'on en parlât partout. Les pauvres Jéſuites qui pour la plus grande partie n'auront pas été bien inſtruits du fait, ou qui peut-être n'en auront été ni bien ni mal informés, voulant ſe défendre & défendre leur ſociété, choſe très-naturelle à tout le monde, & qui a jetté de plus profondes racines encore dans les Jéſuites, avec qui la défenſe ne ſemble faire qu'une même eſſence, puiſque l'on voit qu'ils n'héſitent point à prendre celle de leurs confreres, & de tout ce qu'ils font, quelque criminel qu'il ſoit ; les Jéſuites, diſons nous, repondant aux bruits que l'on repandoit, & prenant parti ſuivant les récits qu'ils entendoient faire, il étoit néceſſaire qu'ils cherchaſſent dans leurs têtes les réponſes & les défenſes. Leurs diſcours étoient différens ſelon les lieux ; ils parloient autrement en Allemagne qu'en France ; & en Italie c'étoit encore toute autre choſe. Ils avoient grand ſoin, ſelon leur coutume ordinaire, d'accommoder leurs diſcours au génie & à la façon de parler de ceux à qui ils avoient affaire ; de là eſt venu tant de variété dans leurs manières de répondre ou de se défendre. Difons plus, non feulement dans le même pays, mais encore dans la même ville, cette variété a dû avoir lieu; ils ont dû même y tenir un langage oppofé l'un à l'autre, fuivant les impreffions qu'ils vouloient faire. C'eft ainfi qu'infenfiblement s'eft répandu fur toute la face de la terre ce torrent de cris & de clameurs dont il s'agit. Et comme il y a parmi les Jéfuites un très-grand nombre de profeffeurs, foit d'Humanités, foit de Rhétorique, accoutumés à dicter à leurs écoliers des fujets tirés de la Fable, ou qu'ils inventent eux-mêmes, pour compofer de petits poëmes, des Odes, des Epigrammes, ou des pieces de fantaifie, ils ont imaginé de former fur le même goût des réponfes & des défenfes, qui, aux hommes fenfés & judicieux ont donné matiere de rire; que les perfonnes fimples, les fots, ou les zélés partifans de la fociété, ont pris pour autant de vérités auffi dignes de foi que l'Evangile; pendant que ceux qui avoient quelque intérêt dans la caufe, ou qui y tenoient par quelque endroit, & qui croyoient en être bien inftruits, traitoient le tout d'impofture, & croyoient avoir raifon d'en parler ainfi, ce qui produifoit le même effet que les difcours des autres : car il en réfultoit également que la vérité reftoit opprimée & comme étouffée dans cette mer de fauffetés & de menfonges. Il eft encore arrivé, que parmi tant de difcours répandus de tous côtés, beaucoup fe font trouvés accrédités parce qu'ils étoient tenus par diverfes perfonnes qui méritoient de la confidération, par des

hommes en place , élevés à de grands postes ,
à des dignités remarquables , même par ce
qu'il y a de plus refpectable , tels que des Rois :
ce qui fait qu'on a attribué ces difcours aux
Jéfuites , & cela avec la plus grande vraifemblance , & prefque avec certitude. C'eft par
les mêmes raifons qu'on a cru les reconnoître dans tant de lettres , fuppofées écrites de
Gènes , de Lifbonne & d'ailleurs , & qu'on
les en a déclarés auteurs , quoiqu'elles paruf-
fent fous des noms de Capucins , de Miniftres &c. : Lettres toutes encore plus injurieufes que les difcours dont il eft queftion.
Je dis que c'eft prefque avec certitude qu'on
les a mis fur le compte des Jéfuites , parce qu'il leur eft ordinaire de tomber dans ce
défaut , de maltraiter dans leurs écrits quelque perfonne que ce foit , quelque nom &
quelque réputation qu'elle ait. Il n'étoit pas
néceffaire que l'Auteur des *Réflexions* , pour
prouver ce qui eft plus clair que deux &
deux font quatre , citât le pere Mutio Vi-
tellefchi. On pourroit faire un très-gros volume des noms de tous ceux & de toutes celles que les Jéfuites ont diffamé dans leurs
écrits ; & un catalogue , au moins auffi ample , de tous ceux de leurs livres qui font
remplis de ces médifances & de ces calomnies. Les feuls volumes du pere Zaccheri ,
ou Zaccheria , ainfi qu'il veut qu'on le nomme , en fourniroient feuls un fi grand nombre , qu'il feroit difficile de les compter. Mais
à quoi aboutiroit cette peine ? Qui ignore
quel torrent d'injures ils ont vomi contre le
pere Concina , quoique ce Dominicain eut
loué la fociété jufqu'à l'ennui & jufqu'au dé-

goût ? *Éranifte* en a recueilli un fi grand nombre , qu'elles remplifïent prefque toute fa dix-feptième lettre , & la dix-huitième toute entiere ; qvoiqu'il ne les ait tirées que du pere faint Vital , & de je ne fais quel autre. Sans chercher fi loin , il fuffit de lire la prétendue retractation qu'ils ont fabriquée fous le nom dudit pere Concina , écrit infâme , exécrable , impie , & digne du diable ; qui n'a pas feulement indigné tout lecteur chrétien ; mais qui doit auffi faire rougir quiconque a encore une ombre de pudeur & de probité. Que n'ont-ils pas dit , & que ne difent-ils pas contre l'excellent M. Muratori , jufqu'à l'appeller en chaire , *l'excrément du diable ?* Lui qui dans cette multitude étonnante d'écrits qu'il a mis au jour , n'a jamais dit un feul mot ni contre la Société en général , ni contre les Jéfuites en particulier : lui qui , au contraire , a obfcurci la gloire qu'il s'étoit acquife , par la foiblefle qu'il a eû de les flatter , & de les défendre , dans fon livre fur les Miffions du Paraguai ; ouvrage méprifable , & tout à-fait indigne de cet Ecrivain. Enfin l'Auteur des Réflexions au lieu de s'arrêter à tout ce qu'il a dit , dans l'endroit dont il s'agit , & qu'il auroit dû négliger , devoit plutôt fe faire un devoir de faire obferver , que ces plaintes & ces lamentations des Jéfuites font chofes ufées , & qu'ils ne manquent jamais de les recommencer , toutes les fois , que dans quelque partie du monde que ce foit , on imprime contre eux , même un feuillet de papier , où l'on dit une feule parole , qui ne leur plaît pas : Qu'ils employent fur le champ tout leur crédit

pour en faire supprimer les exemplaires; &
que lors qu'ils ne peuvent y réussir, ils ont
recours à leur refuge ordinaire, de faire mettre ledit écrit dans l'*index* des livres défendus. Est-il question au contraire, de leurs
propres livres; quelque mauvais qu'il soit,
quelque détestable qu'on le trouve, quelques propositions dignes d'anathème qu'il
contienne, ils ne souffrent point qu'il enfle
la liste des livres prohibés par la congrégation de l'index. Lors du dernier Catalog e
que cette Congrégation a mis au jour, n'a-
t-il pas fallu pour les contenter se laisser aller à cette foible & ridicule condefcendance,
de supprimer de tous les écrits qui venoient
des Réguliers, le titre & la qualité de leur
ordre, afin qu'on ne pût en trouver aucun
qui portât le titre de *Société de Jésus.* Que
cette suppression occasionne de la confusion,
de l'obscurité, des équivoques; il n'importe,
pourvu qu'il paroisse que les Jésuites sont
incapables d'errer. En voulez-vous une nouvelle preuve? Lorsqu'on défendit la seconde
partie du Roman du pere Berruyer, on hé-
sita beaucoup pour imprimer le Décret; &
si quelque écrivain téméraire de la Société
n'eût pas eu la hardiesse de prendre dans plusieurs écrits la défense des impiétés de son
confrere, Dieu sçait si ledit Bref verroit encore le jour. Déterminé à le publier, on y
donna à la vérité le titre du livre que l'on
censuroit, mais on ne prit pas la hardiesse
d'y indiquer le nom de l'auteur, par respect, & comme s'il eût été question du nom
de *Jehova*, qu'on ne prononce qu'avec
une sai nte frayeur. S'il arrive quelqu'un de

ces cas rares, où l'on condamne quelques-uns de leurs libelles, ils ne gardent plus a-lors de mesure, comme on l'a vu en dernier lieu à l'occasion de la condamnation de la *Bibliothèque Janséniste*. Quelqu'un est-il assez hardi, assez méchant pour attaquer un de leurs écrits ; qu'il prenne garde à lui, quelque livre qu'il ait attaqué, ne s'y agit-il même que de quelque minutie de grammaire. Tous tombent sur lui, comme fait le chien sur certains animaux par son instinct naturel. Rappellez-vous le livre du P Grassi, intitule *la Balance Astronomique*, qui fut écrit contre l'immortel Galilée, non que celui-ci eut fait imprimer la moindre chose contre l'opinion de ce Pere sur une cométe qui parut alors ; mais uniquement parce que ce Jésuite sçavoit que ce grand homme ne pensoit pas comme lui. Le Pere Grassi & ses Confreres le persécuterent autant qu'il fut en eux, & lui firent perdre la bienveillance du Pape Urbain VIII, avec qui il avoit été intimément ami dès la jeunesse : ils pousserent la calomnie jusqu'à dire à ce Pape, qu'il l'avoit tourné en ridicule dans ses dialogues; & ils lui donnerent à entendre que Galilée n'y avoit introduit pour interlocuteur le prétendu Simplicius, que pour se moquer de lui; ce qu'Urbain VIII crut d'autant plus aisément, qu'il se souvint qu'il avoit fait à Galilée quelques-unes de ces objections, communes aux Aristotéliciens, que l'Auteur des Dialogues met dans la bouche de Simplicius. Galilée refusa de s'humilier devant son Antagoniste ; il ne fut pas même indifférent aux attaques qu'il en reçut ; mais quelque modérée, quelque modeste que fût la réponse qu'il y fit par son livre si sçavant, si admirable, qu'il in-

titula *Soggiatore*, le P. Graffi *(a)* se ligua avec
plusieurs de ses confreres, entre lesquels Bellarmin voulut briller, & se servant, pour le
percer, du crédit du Pape qu'ils avoient séduit,
ils le firent arrêter & enfermer dans les prisons
de l'Inquisition, ce qui attira autant de compas-
sion à cet homme presque divin, que cela fit
peu d'honneur à ce Tribunal, d'ailleurs res-
pectable. Mais pour revenir aux plaintes du
Pere Général touchant la publication du Bref
adressé au Cardinal de Saldanha, on sçait que
les Jésuites avoient déjà fait les mêmes condoléances à l'occasion d'un autre Bref qu'Innocent X avoit donné en faveur de M. de
Palafox ; ils se fâcherent de ce que le Prélat l'avoit publié, quoiqu'il eût été dans la
nécessité de le faire connoître ; & ils lui firent
un crime de l'avoir fait insérer dans le Bullai-
re de ce Pape, par la seule raison que ce Bref
renfermoit une sentence contre leurs prétentions aussi hautes qu'extravagantes. Dans l'article 33 d'un Mémorial qu'ils présenterent
eux-mêmes au Roi d'Espagne, comme ils
ont présenté à Clément XIII celui dont il
s'agit, qui est dans le même goût, ils disent:
*Que quand l'Evêque d'Angelopolis auroit acquis
quelque droit par le Bref qu'il avoit reçu, c'étoit
en lui un grand abus de l'avoir répandu partout;
qu'on devroit le lui arracher des mains, &
l'en priver, pour le punir de l'usage si mauvais
qu'il en avoit fait.* Ils n'ont pas poussé la hardiesse jusques-là dans le Mémorial donné à
Clément XIII; mais il est facile de voir qu'ils

(a) Ce Pere Orazio Graffi, alors Lecteur de Ma-
thématique au Collège Romain, avoit écrit contre
Galilée sous le nom supposé de *Lotario Sarsi*.

ont eu l'intention de faire entendre à ce Pape, qu'il devoit révoquer le Bref de Benoît XIV. Et pour vous prouver que ce n'est point là une conjecture en l'air, je vous prie de peser ce peu de lignes de la *lettre d'un Jésuite à un Gentilhomme Milanois*, qui court depuis peu manuscrit e.—*La partie la plus saine & la plus orthodoxe du Sacré Collège*, y est-il dit, (il y en a donc une qui est du moins un peu insensée & hérétique.) *Assemblée en Conclave, a prouvé par des raisons fortes, solides & convaincantes la nullité dudit Bref. Elle a découvert les honteux manéges de certains ; mais pour l'honneur du Saint Siége, & pour ne point s'engager dans une dispute trop vive, elle a bien voulu garder le silence.* Celui qui a écrit ceci, sçait que le tout est faux, & il ne l'a écrit que parce qu'il étoit bien instruit de l'esprit de la Société. Mais quand toute la Compagnie réunie recourt au Pape, & fait encore plus de bruit que l'on n'en a entendu au sac de Rome, contre la Théologie morale du Pere Concina, & qu elle publie sous le nom de ce Théologien cette impertinence plus que puérile, qu'elle a qualifié du titre de *Rétractation*, ne l'a-t-elle pas fait imprimer & réimprimer ? Elle auroit voulu la faire passer jusqu'aux Antipodes pour décréditer la Théologie qui lui déplaisoit. Comme les bulletins de leur Pere Pépe, les Jésuites la donnoient par dévotion à qui en vouloit ; ils la distribuoient à leur porte ; jusqu'à ce que cette misérable pièce ayant été traduite en Italien, tout le monde vit clairement que ce n'étoit point une Rétractation, comme ils le publioient, mais plutôt une approbation trèsfolemnelle de cette Théologie véritablement chrétienne. Quoi donc ? Il fera libre aux fupérieurs Jéfuites de permettre à leurs Peres Saint Vital , Gagna , Balla , Richelmi , Lecchi , Bovio , Zaccheria , & à cent autres , anciens & modernes , de faire imprimer des calomnies, des médifances, des impoftures , des chofes outrageantes , des fourberies , des fauffetés injurieufes contre des hommes diftingués par leur mérite ; & i s ne pourront fouffrir que les autres difent la vérité , même avec modeftie & d'un ton modéré ! Ils feront en droit de perfécuter ceux qui auront le courage de le dire , comme ils ont fait à l'égard du Pere Norbert , qui , par leurs intrigues & par leurs cabales , a vu employer contre lui l'autorité & le pouvoir des Supérieurs pour le chaffer de Rome , de la Tofcane , de la Suiffe , de la Hollande , & le vexer meme en Angleterre ! C'eft ainfi qu'un Dominicain , prêtre , fut pareillement chaffé de Sienne , & de quelques autres lieux , parce qu'il avoit traduit un petit livre où l'on met à découvert la morale anti-chrétienne de la Société, qui n'étoit déjà que trop connue. C'eft ainfi qu'un autre Dominicain , fimple frere-lai , a été renvoyé de Rome , pour avoir vendu je ne fçais quels exemplaires d'un *Appendix ou fupplément aux Réflexions du Portuguais :* ce qui fait voir quel eft aujourd'hui le crédit des Jéfuites, quel eft leur empire fur l'Ordre illuftre des freres Précheurs , quoique cette domination fur cet Ordre leur foit d'ailleurs peu utile & profitable. C'eft ainfi qu'à Florence ils ont fait faire une défenfe au trèshabile Auteur des Nouvelles Littéraires de nommer seulement les Jésuites. C'est ainsi qu'ils ont encore agi à Lucques, à Gènes, & ailleurs. Bref, ils emploient par-tout la violence, & leur énorme crédit, pour faire triompher l'imposture, & faire évanouir la vérité: ils veulent aveugler tout le monde, écraser tous les gens d'honneur & de mérite, montrer que de faire le bien c'est faire le mal, & que cependant personne n'ouvre la bouche, ni ne dise seulement une parole pour les contredire. Ho! que c'est bien là le cas de dire avec Tacite, dans l'introduction à sa vie d'Agricola! ,, Il n'y eut jamais de patience égale ,, à la nôtre; & si nos ancêtres furent la na- ,, tion la plus libre de l'univers, nous pou- ,, vons dire que nous avons été la plus es- ,, clave. Environnés d'espions & de délateurs, ,, nous n'osons ni parler, ni entendre. Nous ,, eussions perdu jusqu'au souvenir de nos ,, maux, si l'on pouvoit oublier comme on ,, peut se taire. " Notre esclavage est même plus misérable encore, puisque non-seulement on ne peut redire ce que les Jésuites font très-publiquement, mais même qu'on ne peut rapporter ce qu'ils ont mis au jour, ce qui subsiste, ce qui est sous nos yeux, ce qu'ils prêchent, ce qu'ils impriment chaque jour, quelque contraire qu'il soit à la doctrine de J. C. Rome, à bonne intention, sans doute, donne les mains pour empêcher que l'on n'imprime des ouvrages où l'on combatte leur morale impie; & si on les imprime ailleurs, elle consent qu'on les défende: d'où il arrive que les Jésuites s'autorisent de cette conduite pour se vanter que le Saint Siége approuve leur morale. C'est ce qu'a fait, entre beaucoup d'autres, le Jésuite, Auteur de la lettre au Gentilhomme Milanois, qui fait beaucoup valoir la défenſe que l'on a faite des Lettres de M. Couet. Il y a pluſieurs années que l'on a compoſé & revu avec ſoin un abrégé de la Théologie Chrétienne du Pere Concina ; mais quelque utile, quelque néceſſaire même que ſoit cet ouvrage, on n'a pu parvenir encore à le faire imprimer ; quoique depuis longtemps il ſe trouve un aſſez grand nombre de Dominicains qui ont la foibleſſe de cultiver les Jéſuites, ce qui encourage ceux-ci à les maltraiter de plus en plus, juſqu'à les faire paſſer pour hérétiques, & à ſoutenir qu'il faut néceſſairement leur ôter les charges de Maître du Sacré Palais, de Commiſſaire du Saint Office, de Secrétaire de l'Inquiſition, &c. comme on le trouve répété dans une Lettre imprimée depuis peu ſous le nom d'un Docteur de Sorbonne ; & ce qui arrivera enfin, ſi les Dominicains continuent d'uſer de tant de condeſcendance pour les Jéſuites. Mais, pour de bonnes raiſons, je m'abſtiens pour le préſent de parler de ce ſujet ; je dirai ſeulement, que lorſqu'il a fallu corriger & réimprimer l'*Index* des livres défendus, ce n'eſt point dans le Secrétariat de l'Index que l'on a travaillé à cette correction, mais au Collège Romain ; qu'à la place de tous ceux que Clément XII & Benoît XIV avoient choiſis, on ſubſtitua un Jéſuite & un ami de la Société, qui propoſerent & arrêterent un nouvel arrangement concernant la Congrégation de l'Index ; qu'on alla même juſqu'à exclurre le Maître du Sacré Palais, quoique membre de ladite Congrégation.

IVᵉ. RÉFLEXION.

» **E**N vertu de ce Bref l'éminentiſſime Viſi-
» teur a publié une Ordonnance, où généra-
» lement tous les Religieux dont il s'agit ſont
» déclarés coupables d'exercer le commerce.

C'eſt ici véritablement que l'auteur des
Réflexions s'égare dans ſes penſées. Par exemple, voyez je vous prie, comme celle-ci eſt
étrangere ! il auroit voulu que le P. Général
eut inféré dans ſon Mémorial, que le Cardi-
nal-Viſiteur avoit trouvé *les maiſons & les
colléges des Jéſuites pleins de magaſins de mar-
chandiſes de diverſe eſpece, & que les peres y
faiſoient un grand commerce de ces marchan-
diſes.* Sa révérence, & les peres anciens qui
ont donné la forme audit Mémorial, & qui,
Dieu ſçait combien ils ont travaillé de tête
pour tout peſer, juſqu'à une virgule, n'é-
toient pas aſſez dépourvus de prudence & de
jugement pour expoſer aux yeux du pape ce
qui leur auroit été préjudiciable. Les ſeules
paroles que l'auteur des Réfléxions auroit voulu lire dans le Mémorial, les auroient condamnés comme excommuniés par le ſeul
fait, non ſeulement ſuivant les canons, qui
condamnent tous les eccléſiaſtiques qui commercent, mais auſſi ſuivant différentes Bulles
qui ont été publiées en divers tems depuis un
ſiécle, ſurtout contre les jéſuites ; parce que
le commerce que fait la ſociété eſt preſque
auſſi ancien que la ſociété elle-même. Ce bon

homme ignore-t-il donc que depuis la créa‑
tion du monde il n'y a jamais eu d'artifans
plus excellens, plus adroits, plus rufés &
plus fubtils que les jéfuites, pour accommoder
de telle forte leurs difcours & leurs façons de
s'exprimer ; que vus d'un côté ils femblent
dire une chôfe, & que vus fous une autre
face ils en difent une autre ; femblables en
cela à ce dieu de la fable, nommé Janus, qui
avoit deux têtes ? Ont-ils jamais avancé de
propofitions, foit pour approuver, foit pour
condamner, qu'elles n'ayent eu un double
fens, afin d'être en état d'employer tantôt
l'un tantôt l'autre, felon le befoin qu'ils en
auroient, felon leurs buts, & fuivant la différence des temps, des lieux & des convenan-
ces ? Que veut on de plus ? le corps même de
leur religion eft un animal amphibie, puifque
tantôt ils fe donnent pour prêtres féculiers,
tantôt pour des religieux réguliers, & même
de la plus étroite obfervance : ce qui a fait
dire avec raifon à un poëte, en leur adreffant
la parole : *O vous qui vous montrez au peuple
ftupide, comme moitié freres & moitié prêtres* (a).
C'eft pourquoi ayant été foumis par la Sor‑
bonne à un examen rigoureux, & leur ayant
été demandé ce qu'ils étoient, ils ne purent
répondre que ces paroles : *Nous fommes tels
quels* ; ce qui fit qu'à Paris on les appella, *les
Peres tels quels.* Ils vouloient dire : Nous fommes tels que la néceffité & les circonftances
demandent que nous foyons. Voilà pourquoi
auffi le P. Général s'eft exprimé de façon dans

(a) Monet. cort. convert.

fon Mémorial, qu'il ne donne point acte du commerce de la Société, parce qu'un tel aveu lui auroit été trop préjudiciable ; & que cependant il ne le nie point, parce qu'il eſt trop connu & trop évident. L'auteur des Réflexions a donc eu tort de prétendre que le Pere Général auroit dû s'expliquer plus clairement, ou autrement qu'il n'a fait.

Vᵉ. RÉFLEXION.

» DE plus, M. le Cardinal-Patriarche,
» fans égard pour la Bulle *ſuperna* du Pape
» Clément X, qui défend aux Evêques d'ô-
» ter, fans avoir conſulté le Siége Apoſtoli-
» que, à toute une communauté religieuſe
» à la fois les pouvoirs de confeſſer, a inter-
» dit de la confeſſion & de la prédication tous
» les Religieux de la Compagnie, non feu-
» lement dans fon diocèſe de Liſbonne, mais
» encore dans tout le Patriarchat : & fans leur
» avoir fait fignifier cet interdit, il a fait fu-
» bitement afficher fon Ordonnance aux Por-
» tes des Egliſes de Liſbonne. C'eſt de quoi
» le Général a par devers lui des preuves au-
» thentiques.

On voit bien ici que l'auteur des Réflexions eſt un homme fimple & peu inſtruit. Il s'étend beaucoup fur la Bulle *ſuperna*, fans faire attention que le Pere Général ne s'appuie aucunement fur cette piéce ; qu'il ne l'a touchée qu'en paſſant, & feulement comme un éclair, pour éblouir les yeux de ceux qui n'en favent pas davantage. Sa Révérence n'ignoroit pas que cette Bulle étoit plus contraire que favorable à sa Société, puisqu'un de ses principaux objets c'est de décider & d'ordonner que les Réguliers, & par conséquent les Jésuites eux-mêmes, soient soumis aux Evêques, & qu'ils en dépendent pour le ministère de la confession & de la prédication : sujettion & dépendance qui ne sont point du goût des Jésuites, & auxquels ils se refusent absolument. On sçait qu'ils ont secoué le joug de l'autorité Episcopale, qu'ils se sont tirés de la jurisdiction des Ordinaires pour quelque cas que ce soit ; qu'à l'égard de l'exercice du Tribunal de la Pénitence, ils emploient toutes leurs forces, & mettent en jeu tout leur art pour se débarrasser aussi de ce joug ; & qu'ils soutiennent qu'ils sont exempts de demander aux Evêques la permission d'administrer le Sacrement de Pénitence dans leurs Diocèses ; puisqu'étant *Tels quels*, on ne peut les comprendre dans les Bulles ni parmi les Prêtres Réguliers, ni entre les Prêtres Séculiers. Voilà un de leurs anciens prétendus privilèges : il n'étoit pas nécessaire pour le démontrer, que l'Auteur des Réflexions apportât en preuve la Lettre du Pere François, Evêque de Nankin. Les écrits qui en parlent sont sans nombre. Les difficultés si considérables qu'ils éprouverent, lorsqu'en dépit des hommes & des Dieux, ils voulurent se fixer en France, vinrent autant des Evêques que des Laïcs, parce qu'ils voyoient bien, qu'en vertu des privilèges dont ils se vantoient, & de leurs constitutions, ils se soustrairoient de la jurisdiction Episcopale. Ce seroit, à proprement

parler, une folie que d'en produire des exemples : l'entreprise seroit trop longue ; & cou-
teroit autant de peine qu'en eut Flamsted
lorsqu'il se fut mis en tête de compter les
étoiles. La Société ne faisoit encore que de
naître, & son Fondateur Ignace vivoit encore, qu'elle osa dèslors refuser de demander
aux Ordinaires des lieux la permission de
prêcher & de confesser. Et ne croyez pas que
les Jésuites ne se conduisirent ainsi qu'envers
quelqu'un de ces Evêques qui n'ont d'autres
fonctions que celle de se trouver aux asso-
ciations des morts, ou dont les diocèses font
renfermés dans l'enceinte d'une seule ville.
Ils traiterent de même Don Jean Martinez,
Siliceo, Archevêque de Toléde, que Paul
IV a élevé au Cardinalat. Ce Prélat les fit
avertir qu'ils eussent à cesser de confesser,
& à se présenter devant lui : mais ils différe-
rent toujours, sans s'embarrasser de l'avertis-
sement plein de charité d'un Prélat aussi distingué par sa sainteté & ses lumières, que par
sa dignité. Leur opiniâtreté le força à les interdire, à excommunier tous ceux qui se pré-
senteroient à eux dans le Tribunal de la Pénitence, & à défendre à tous les Curés du
Diocèse d'Alcala, où les bénis Peres s'étoient
nichés, de permettre à ceux-ci de dire la
Messe dans leurs Eglises. Ces Religieux em-
ployereut toute l'autorité du Nonce, & celle
même du Pape, dont le devoir étoit de soutenir l'Archevêque, pour engager celui-ci à
les dispenser de la juste soumission qu'on exigeoit d'eux, & qui est si souvent recomman-
dée par le Concile de Trente, & dans les lettres adressées à ce Concile : mais le zèlé Pré-

lat ne voulut point avilir fa dignité, ni rien céder d'un droit fi effentiel pour maintenir la hiérarchie eccléfiaftique ; & d'un autre côté, les Jéfuites ne voulurent rien rabattre de leur orgueilleufe prétention. Ils tinrent la même conduite à l'égard du refpectable Prélat, Don Jean de Palafox, dont j'ai déjà parlé. Son Vicaire-Général, Don Jean de Merlo, élu Evêque de l'Onduré, leur fit fignifier en forme qu'ils euffent à montrer leurs pouvoirs ; mais ils ne firent point d'autre reponfe, finon *qu'ils y feroient attention* ; & ils n'en continuerent pas moins à prêcher & à confeffer. Deux d'entre eux vinrent cependant trouver le Vicaire-Général ; mais ce ne fut que pour lui dire, qu'ils ne faifoient que fe fervir de leurs privilèges. Don de Merlo leur répliqua qu'il fuffiroit de les montrer ; à quoi ils repliquerent qu'ils avoient auffi un privilège qui les exemptoit de les faire voir. Mais au moins, dit le Vicaire-Général, vous me communiquerez ce dernier : & ils ajouterent qu'ils n'étoient pas plus obligés d'exhiber celui-ci que les autres. Néanmoins le Pere Recteur envoya dès le lendemain les Peres Pierre de Valenza & Louis Légafpé, pour parler à l'Archevêque ; mais ces deux Députés, ufant d'un nouveau fubterfuge, dirent au Prélat, qu'ils ne pouvoient montrer ni leurs pouvoirs, ni leurs privilèges, fans la permiffion de leur Pere Provincial. Le Prélat leur dit de fe faire accorder cette permiffion ; & qu'en attendant, s'ils vouloient lui demander celle de prêcher & de confeffer, il étoit difpofé à la leur donner. Mais les Jéfuites ne voulurent point accepter ce parti ;

& l'Archevêque les interdit de toutes fonctions, difant que les Fidéles de fon diocèfe
étoient fon troupeau, & non celui de la Compagnie. Malgré cet interdit, le pere Légafpé prêcha dans la matinée du même jour,
témoignant par là le mépris qu'il faifoit du
Prélat, & de S. Paul même, qui dit, *comment prêcheront-ils s'ils ne font point envoyés?*
Lui & fes Confreres continuerent auffi de confeffer, & par conféquent de commettre autant
de facriléges qu'ils donnerent d'abfolutions
à leurs pénitens. Ce feroit ici l'occafion de
faire voir d'où venoit tant de repugnance à
montrer leurs privilèges, pendant qu'il n'y
a pas un Jéfuite qui ne les étale volontiers,
& qui même n'en faffe gloire. La raifon de
cette réfiftance, c'eft que ces privilèges fi vantés, fi on ne les entend point à la Jéfuite,
font chacun refferrés dans telle ou telle borne. Je le prouve, fans fortir même du diocèfe d'Angelopolis : car d'ailleurs tous les
lieux, comme tous les temps, en fourniffent
des preuves. Les Jéfuites dans ce diocèfe,
confacroient les Patenes, les Calices, les
Autels, &c. toutes fonctions refervées aux
Evêques feuls. En les obligeant de montrer
leurs privilèges, on auroit vû qu'ils étoient
reftraints aux feules terres des Infideles, &
feulement dans le cas qu'il n'y eût pas d'E-
vêques dans le pays. Et leur ayant été re-
proché de ce qu'ils faifoient lefdites fonctions au Mexique, où, Dieu merci, tous é-
toient catholiques, & où il fe trouvoit un bon
nombre d'Evêques, ils repondirent, qu'excepté le Royaume du Mexique, il y avoit encore en Amérique plufieurs contrées infide-

47

les ; que d'ailleurs quelque Infidele entroit quelquefois dans ledit Royaume ; & qu'enfin ils faifoient ces confécrations quand l'Evêque étoit hors de la ville. Lorfque l'Empereur Ferdinand II eût recouvré la plûpart des terres dont les hérétiques s'étoient emparés, il rendit le 6 mars 1629, un Edit par lequel il ordonna que les Abbayes & les Monafteres que les hérétiques avoient ufurpés, feroient rendus aux perfonnes de même condition & de même rang, que celles à qui ces Abbayes & ces Monafteres avoient appartenu avant leur ufurpation. Le pere Lamorman, Jéfuite, Confeffeur de l'Empereur, profitant de la circonftance, employa le menfonge, ce dont il fut convaincu par actes publics, pour fe faifir de plufieurs Monafteres d'hommes & de filles, & les faire donner à fes Confreres, ainfi que l'a dit l'Auteur des Réflexions, page 25, Réflexion troifième. Les légitimes poffeffeurs, qui étoient les Bénédictins, les Cifterciens, les Prémontrés, &c. reclamerent contre cette donation injufte. Ils firent plufieurs remontrances, auxquelles le Jéfuite Laiman oppofa un nombre de libelles, dont un, entre autres, eft intitulé : *La jufte défenfe de notre faint Pere le Pape, du très-Augufte Empereur, des Cardinaux de la fainte Eglife Romaine, des Evêques, des Princes & des autres, comme auffi de la très-petite Compagnie de Jéfus.* En lifant ce titre vous allez vous écrier, avec Horace : *Quel fera donc le fruit de ces rares promeffes !* Je vous le dirai. Laiffant en paix tous ces grands perfonnages, comme ceux qui paroiffent dans la Comédie, l'Auteur fe borne à

quelques efforts qu'il fait pour prouver que le
bien ufurpé ne doit point être rendu à fes légitimes maîtres, lorfqu'il eft queftion d'en
gratifier les Jéfuites. Il fait à cette occafion
un grand étalage de principes, nouveaux, à
la vérité, mais avantageux à la Société ; celui-ci, entr'autres, qu'on peut voler, fans
crime, pour s'engraiffer. Mais pour revenir
à notre premiere propofition : vous fentez
combien eft étrangere l'explication que le P.
Laiman donne aux termes fi clairs & fi évidens de l'Edit Impérial que nous avons rapporté plus haut. Il dit que l'on doit entendre, en conféquence de l'Ordre de l'Empereur, qu'il faut rendre les Monafteres & leurs
biens aux mêmes Moines individuellement,
& juftement tels qu'étoient ceux à qui les
Hérétiques les avoient enlevés. Et que comme il y avoit 80 ans que cette ufurpation
avoit été faite, que les Moines poffeffeurs de
ces biens, étoient morts depuis plus de 40
ou 50 ans, & qu'ainfi il étoit impoffible de
les rendre à leurs premiers maîtres, ce feroit
un bien de les donner aux Jéfuites. C'eft
ainfi que ces Peres interprêtent les Bulles,
les Priviléges, les Edits, &c. Peu leur importe de faire paffer un Empereur auffi fage
que l'étoit Ferdinand, pour infenfé ; ce qu'il
feroit en effet s'il eût cru que les Moines &
les Religieufes qui vivoient il y a 80 ans,
fuffent encore au monde. Mais ce qui affli-
geoit le Pere Laiman, c'étoit de fçavoir que
l'Edit de l'Empereur étoit approuvé, & loué
hautement par le Pape, dont il fe vante, dès
le titre de fon Livre, de prendre la défenfe.
Voyez par-là, cher ami, fi les Jéfuites n'ont

pas

pas mille raifons pour ne point montrer leurs
Priviléges. Je gagerois ma tête contre un
fequin, que dans toute la terre on n'en
trouveroit point qui glosât & expliquât ainfi
ces Priviléges. Toutes ces particularités, ef-
fentielles cependant, & très-dignes d'être re-
marquées, font demeurées au bout de la plume de l'Auteur des Réflexions ; & il s'en
faut de beaucoup que ce foient les feuls
points qu'il n'a pas même effleurés. Mais
après ces exemples, en dire davantage, ce
feroit perdre le temps & des paroles, comme
a fait l'Auteur des Réflexions. Il fuffifoit
qu'il eût cité la Lettre circulaire de l'Affem-
blée générale du Clergé de France, de l'année 1650, où on lit la réfolution que les Evêques prirent de défendre généralement à tous
les Jéfuites, d'exercer refpectivement dans
leurs Diocèfes aucune fonction eccléfiaftique,
à moins qu'auparavant ils ne fe fuffent préfentés, & qu'ils n'euffent reconnu par leur
foumiffion, la Jurifdiction Epifcopale.

VIᵉ. RÉFLEXION.

"Cᴇs Religieux Portugais ont fouffert l'e-
»xécution de ces Ordonnances avec toute
» l'humilité & toute la foumiffion qu'ils de-
» voient.

Ici l'Auteur eft demeuré à fec comme un
moulin qui moud à vuide. Il femble croire
que c'eft une chofe auffi rare que l'apparition
d'une Cométe, que les Jéfuites fouffrent *avec
une humble foumiffion*, les traverfes qu'ils

éprouvent en Portugal, & qu'ils avouent qu'ils doivent les souffrir ainsi. Pour moi, je ne crois pas seulement que ce soit une chose peu ordinaire, je la crois absolument impossible, qu'un Jésuite s'avoue vaincu & se soumette. Il falloit que l'Auteur fît voir ce qu'il n'a pas sçu faire, ce que, dans le langage Jésuitique, on doit entendre par ces mots, *une humble soumission* ; car les Jésuites ont un Dictionnaire tout différent de celui de Passerat & de la Crusca. Mais au lieu de prouver ce que je viens de dire, il se met à prophétiser ce qu'ils auroient fait, s'ils eussent été Confesseurs de la Famille Royale. Il faut apparemment qu'il soit partisan de la science moyenne & des futurs contingens. Mais son ignorance par rapport à l'Histoire & à ce qui s'est passé dans les temps précédens, lui a fait prendre le caractere de Devin & de Prophète. Etoit-il donc difficile de démontrer combien les Jésuites sont braves & courageux tant dans une guerre défensive que dans une guerre offensive ; quoique peut-être leur maniere de faire la guerre consiste plus à dresser des embuches, à faire jouer des stratagémes, & quelquefois à combattre, comme les enfans, en fuyant, en montrant de la peur, en se soumettant, en s'humiliant, mais sans jamais reculer, &, au contraire, en allant toujours en avant. Je pourrois vous en donner autant d'exemples que la Société a de jours. Commençons dès son origine. Saint Ignace vivoit encore quand Antoine Lipoman résigna aux Jésuites de Padoue un Prieuré qu'il possédoit & qui lui rapportoit quatre cent écus d'or. Son frere, qui étoit Sénateur, y forma une forte opposition devant le Sénat, & ayant cité, en exemple, que les Jésuites avoient déja envahi deux Abbayes à Coimbre, il fit appréhender aux autres Sénateurs que ces Peres ne tiraffent bientôt à eux les Bénéfices de l'Etat de Venife ; & par là, la réfignation ne fut point admife. Les Jéfuites fouffrirent *avec foumiffion*, felon leur coutume, la perte d'un Bénéfice qui leur étoit fi cher, & qu'ils n'avoient pas encore acquis. Mais comment ? Plus jaloux du Prieuré, que de l'intérêt de l'Eglife univerfelle, ils firent quitter le Concile de Trente aux Peres Laynez & Salmeron, & les envoyerent à Venife, où Lainez plaida lui-même la caufe du Bénéfice avec toute la force & toute l'éloquence dont il fut capable ; mais ce fut en vain. Acquiefcerentils davantage à la décifion, *avec cette humble foumiffion qu'ils devoient*, felon le fens que nous donnons à ces paroles, qui étoit de n'y plus penfer ? Non. Voyant que la porte des Tribunaux leur étoit fermée, ils eurent recours à des voyes extrajudiciaires, qui n'étoient point conformes au Droit, mais qui leur parurent plus efficaces, & ils obtinrent, *avec une humble foumiffion*, ce qu'ils fouhaitoient. Quels furent ces moyens ? Je ne m'arrête pas à vous en faire le détail : Leur hiftorien les traite de miraculeux ; d'autres les jugent très-naturels, & fort affortis à la morale du fiécle ; & en cela, il y a plus de vraifemblance, quelque indécence qui s'y foit trouvée. (Orland. l. 8. n°. 20.)

L'Univerfité de Paris s'oppofa plufieurs fois aux efforts que faifoient les Jéfuites pour s'établir dans cette Ville, & y ouvrir de plus

des Ecoles au préjudice des Priviléges de lad.
Univerſité, qui fut enfin obligée de ſe défendre juridiquement; en quoi elle ne fit que ce
qui eſt très-permis, & dont perſonne n'a
droit de ſe bleſſer, ni de s'offenſer. Mais les
Jéſuites, *ſuivant la ſoumiſſion qui leur eſt ordinaire*, ſe révolterent comme autant de viperes, non ſeulement contre la Sorbonne (a),
mais auſſi contre Etienne *Paſquier*, qu'elle
avoit choiſie pour ſon Avocat. Les Jéſuites
Scribonius, Lafon, Richeome, & Felix de la
Graſce, écrivirent contre lui. Ils ne s'en tinrent pas là : après l'avoir chargé d'outrages
& d'injures durant ſa vie, ils le pourſuivirent
encore dans le tombeau. Le Pere Garaſſe
produiſit, pour inſulter à ſa mémoire, trois
Libelles diffamatoires, qui obligerent ſes enfans, en 1624, de faire imprimer l'apologie
de leur pere. Ils y rapporterent, ſelon l'ordre des Lettres de l'Alphabeth, toutes les
injures que les Jéſuites avoient vomies contre ce célebre Avocat, qui peut-être auroit
écrit en leur faveur s'ils l'euſſent pris pour
leur défenſeur au lieu de Simon Verſoris
qu'ils avoient choiſis. Il n'eſt pas poſſible de
vous donner, même un léger échantillon,
de cet Alphabet d'injures, & l'on ne peut
s'en former une juſte idée à moins qu'on ne
voye de ſes propres yeux le gros volume du
Pere Garaſſe, intitulé : *Les Recherches des
Recherches de Paſquier*. Je veux cependant
vous tranſcrire ici les dernieres lignes par
leſquelles le faiſeur de libelles dit adieu à

(a) C'étoit contre l'Univerſité.

celui qu'il venoit de maltraiter : les voici : *Adieu*, dit-il, *plume sanguinaire. Adieu*, *Avocat sans conscience* : *Adieu*, *Monofile sans cervelle* : *Adieu*, *homme sans humanité* : *Adieu*, *Chrétien sans Religion* : *Adieu*, *ennemi capital du St. Siége* : *Adieu* ; *fils dénaturé de l'Eglise, qui a publié & augmenté les opprobres de ta mere.* En voilà plus qu'il ne faut pour vous donner une idée de cet Adieu, qui remplit les trois dernieres pages du Libelle. Comment un Avocat, qui méritoit tant d'odieuses qualifications, eut-il cependant l'honneur d'être l'objet des coups redoublés du Pere Garaffe, ce Jésuite *si aimable*, dit l'Auteur de l'histoire des Jésuites, *qu'on ne peut dire ce qui brilloit le plus en lui, de son humilité, de sa modestie, de sa douceur ; qui possédoit enfin toutes les vertus*, & fans doute auffi celle d'une jufte & dûe foumiffion, qui ne pouvoit lui manquer, puisqu'il avoit toutes les vertus. Que feroit-il donc arrivé s'il ne fe fût pas trouvé un Jéfuite ni fi aimable, ni fi humble, ni fi modefte, ni doué de tant de douceur ? Peut-on imaginer ce qu'il auroit pû dire de plus que le Pere Garaffe ? Difons ce qui eft vrai : il faut que ce Jéfuite, pour réunir tant d'injures, ait confulté les Dictionnaires des Diables & de l'Enfer, après avoir épuifé ceux qui nous viennent de la main des hommes.

En 1554, les Jéfuites s'introduifirent dans la Ville de Tournay en Flandres, &, fuivant leur coutume, ils commencerent à y confeffer & prêcher fans la permiffion de l'Evêque du lieu, ni fans avoir demandé celle de l'Archevêque de Cambrai, quoique cette double permiſſion fût néceſſaire, la Ville de Tournai étant, partie d'un Diocèſe, & partie de l'autre. L'Archevêque informé de ce qui ſe paſſoit, manda à ſon Vicaire, qu'il feroit arrêter & mettre en priſon le premier qui auroit la hardieſſe de prêcher. Cette menace ſuffiſoit, ſans doute, pour obliger les Jéſuites à faire preuve *de cette humble ſoumiſſion dont ils devoient donner témoignage*, & à ſe préſenter au Vicaire du Prélat. Mais non. Ils ne donnerent pas d'autre preuve de ſoumiſſion que celle qu'ils viennent de montrer à l'égard du Roi de Portugal, contre lequel ils ont eu recours au Pape, au lieu de ſe préſenter à ce Prince, de lui rendre ſes Etats, & de ceſſer leur commerce. Ils s'adreſſerent aux Cardinaux Polus & de Carpi, & à l'Empereur même, pour faire arrêter les pourſuites de l'Archevêque, & faire voir qu'avec leurs manéges & leurs intrigues, ils étoient plus puiſſans que le Prélat, quoique muni des canons, & ayant la raiſon & le droit pour lui. Le Pere Orlandin (l. 14. de ſon hiſt. n°. 50) ne laiſſe pas que de qualifier leur maniere de procéder, *de ſoumiſſion*, ainſi que le fait le Pere Général dans ſa Supplique. *Les nôtres*, dit cet Hiſtorien, *fideles aux Ordonnances d'Ignace, perſuadés qu'ils ne devoient employer que la* SOUMISSION *& la douceur, demeurerent à Tournai.* Mais ne croyez pas qu'ils s'y abſtinrent d'exercer les fonctions eccléſiaſtiques que l'Archevêque de Cambrai leur avoit interdites. Ils ſe bornerent ſeulement à les exercer dans la partie de cette Ville qui étoit ſoumiſe à l'Evêque de Tournai, qui, quoique frere de l'Archevêque, les avoit ad mis fans aucune difficulté. *Pendant un an,* dit le même Hiftorien déja cité, *ils s'acquit-terent convenablement de ce qui étoit de leur reſſort, & de toutes les fonctions ordinaires.* Remarquez ce mot *convenablement,* (*rité*) ; il explique affez bien les termes *de foumiſ-ſion & de douceur,* ſuivant le fens que l'hiftorien veut en effet qu'on leur donne, & qu'il entend lui-même. Mais pour terminer cet article par un fait plus éclatant, & qui vous prouvera encore mieux quel eft le vrai fens du terme de *foumiſſion* dans le langage des Jéfuites ; rappellez-vous que ce fut fous le pere Laynez, fecond Général de la Société, que ces Peres mirent fin à leurs conf-titutions, après les avoir revues, corrigées & remaniées avec foin. Paul IV qui étoit affis alors fur la Chaire de S. Pierre, fut af-fligé de deux chofes. La premiere, qui avoit pareillement caufé beaucoup de peine à tout le monde, & qui avoit été un des motifs, qui entre tant d'autres, avoit fait rejetter les Jéfuites par beaucoup de villes & de provin-ces, c'étoit de ce qu'ils n'avoient point de Chœur, même les Dimanches, ni les jours de Fêtes, quelque folemnelles qu'elles fuf-fent ; que non feulement ils ne chantoient point l'Office Divin ; qu'ils ne le récitoient pas même à haute voix, & fans chant ; pen-dant que les féculiers ont l'attention d'affif-ter à l'Eglife ; que dans plufieurs lieux ils fe font un fcrupule de confcience d'y manquer, & que beaucoup chantent l'office dans leurs confréries. L'autre chofe qui déplaifoit au Pape, c'étoit que le Général de la Société fut perpétuel , au lieu qu'il auroit voulu qu'il n'eût été que pour trois ans, comme dans les autres Ordres. Paul IV fit savoir aux Révérends Peres, par le Cardinal Pacceco, que ces deux choses ne lui étoient point agréables, afin qu'ils y réfléchissent, & que le Cardinal lui fît savoir sur cela leur résolution. L'affaire fut donc mise en délibération, & après qu'elle eut été long-temps débattue, les Jésuites chargerent leur Général Laynez, & leur Confrere Salméron, d'aller trouver le Pape, & de lui dire, avec cette politesse qui leur est si familiere, qu'ils ne vouloient rien faire de ce qu'il souhaitoit. Le Pape qui leur étoit d'ailleurs affectionné, mais quiétoit Paul IV, c'est-à-dire qui savoit agir en Pape, & qui d'ailleurs s'étoit presque attendu à cette réponse ou qui l'avoit apprise d'ailleurs, reçut les députés d'un air courroucé, ainsi que le dit l'historien de la Société. *Il n'est pas certain, dit-il, de ce qui avoit causé du changement dans ce bon Pape &c. Ce qui est de vrai, c'est qu'il étoit si changé, qu'il paroissoit tout différent de lui-même, & de ce qu'il s'étoit montré jusques-là. Dés que nos Peres parurent devant lui, il leur présenta un air triste & menaçant, & après avoir dit tout bas on ne sçait quoi, il dit très-clairement, qu'il convenoit qu'ils eussent, comme les autres ordres, un Général qui ne fut que pour un temps fixé.* Elevant ensuite le ton, il leur dit avec feu, qu'il vouloit absolument qu'ils s'assemblassent en chœur pour les offices; & il les traita d'opiniâtres & de rebelles, pour n'avoir pas voulu faire, jusqu'à présent, ce qu'il avoit desiré d'eux sur cela : il ajouta, que par cette conduite ils favorisoient les hérétiques, qu'il craignoit qu'en y perfeverant il n'en arrivât enfin quelque infection peftilentielle ; qu'il ne vouloit point voir cette difformité dans l'Eglife de Dieu, & que s'ils n'obéiffoient point, ils priffent garde à eux, & qu'ils s'attendiffent à quelque revers fâcheux. Telles furent fes paroles, fuivant l'hiftorien de la Société. *Il parut*, dit-il, *très-ému, & hauffant la voix, il leur parla du Chœur, les appellant rebelles ; ajoutant qu'ils agiffoient pour les hé'étiques, en perfévérant dans leur défobéiffance, & qu'il craignoit les fuites d'un exemple fi pernicieux. Qu'au furplus, il avoit réfolu de ne plus fouffrir cette difformité ; qu'il exigeoit qu'ils fe foumiffent, ou qu'il pourroit leur en arriver mal. Qu'il ne vouloit pas cependant les obliger au chant, & qu'il fuffiroit qu'ils recitaffent l'Office en la maniere que fes Clercs (les Théatins) le recitoient.* Ho! que c'étoit bien ici le cas de faire néceffairement preuve *d'une humble foumiffion*, dans le fens qu'on doit l'entendre, & telle, en effet, qu'ils la devoient, en traitant avec un Pape, & un Pape à qui l'on n'en impofoit point ; mais qui favoit fe faire réellement obéir ! Auffi le firent-ils. Le Pere Laynez protefta humblement de la plus grande foumiffion poffible, tellement que l'hiftorien que j'ai cité lui donne fur cela les plus grandes louanges : *On vit alors*, dit-il, *la courageufe modeftie du Pere Lainez, & combien il déféroit au vicaire de J. C. ; qu'elle étoit fon obéiffance & fon refpect pour fa perfonne.* Mais en quoi fait-il confifter cette *courageufe modeftie* du Pere Lainez ? Voulez-vous le favoir ! C'eft de n'avoir prononcé, en parlant au Pape en perfonne, ni parole indécente ,, ni mordante, ni piquante, ni qui reſſentit l'injure, comme il auroit pu faire s'il eût parlé à un manœuvre; ou à un balayeur de collége; puiſqu'il ajoute: *que le Pere Lainez ne laiſſa échapper aucune parole qui ne convint à la majeſté ſainte de celui à qui il parloit, & qui ne fût pas aſſez digne du ſouverain pontife.* Ne manquoit-il donc au diſcours, ou à la réponſe du Pere Général, que d'y avoir mêlé quelque parole dure & groſſiere, comme les chartiers en diſent entr'eux, & pour s'en abſtenir, ne falloit-il pas moins dans le Pere Lainez, que la force d'une héroïque *modeſtie?* Finalement, il promit *la ſoumiſſion qu'il dévoit,* mais en la maniere que ce mot eſt interprété dans la Société, c'eſt-à-dire, une ſoumiſſion qui n'en auroit que l'apparence, une ſoumiſſion illuſoire, qui n'empêcheroit pas, dans le fait, d'agir autrement.

En effet, Paul IV fut à peine expiré qu'il ne fût plus queſtion de chœur; & l'on diſcontinua même de chanter les Vêpres, ce que l'on avoit d'abord fait, ſelon que le Pere Lainez l'avoit aſſuré au Pape. C'eſt une choſe auſſi curieuſe que plaiſante, que de lire le recit que l'hiſtorien de la Société fait de cette ſuppreſſion du chœur, (*Sacch. l. 3, nᵛ. 30.*) On y voit que le pauvre petit frere étoit très-embarraſſé, pour aſſaiſonner ce fait, de maniere que tout lecteur ne s'apperçut pas de quelle eſpece eſt la *ſoumiſſion* Jéſuitique. Auſſi a-t-il fait comme ces Cuiſiniers qui n'ont en mains que des viandes viles & qui commencent à ſentir mauvais. Ils en prennent le moins qu'ils peuvent, la font échauder, l'aſſaiſonnent fortement, & y mêlent tant d'ingrediens, qu'ils lui font perdre le goût qu'elle avoit. Ainſi l'Hiſtorien ſe contente-t-il de dire en deux mots : *depuis ce jour*, (c'eſt-à-dire, depuis le jour de la mort du Pape,) *on ceſſa de chanter*. Peut-on plus de brieveté & de laconiſme ! Mais avant que d'en venir là, il rapporte les avis de quelques Cardinaux, des conſultations d'Avocats, des proteſtations avec témoins, & par Notaires, & amene ſur la ſcene la liberté & le droit de la Compagnie, & les proteſtations des PP. Aſſiſtans. Il s'amuſe enſuite à rapporter mille ſpéculations dévotes, mille prieres vocales, & finiſſant par l'Afrique, il fait venir S. Cyprien pour certifier que celui qui prie eſt en la préſence de Dieu; ce que l'on ſavoit très-bien ſans S. Cyprien ; puiſque ce principe eſt fondé ſur la nature même de la choſe, la priere n'étant en effet qu'un entretien avec Dieu. Ces hors d'œuvres ſont ſuivis d'un étalage des moyens enſeignés par le Pere Fabri pour éviter les diſtractions : & la concluſion de tout ce vain & faſtidieux babil, eſt de dire : *depuis ce jour-là, on ceſſa de chanter*. Si vous n'êtes pas maintenant perſuadé, ſi vous n'avez pas une pleine conviction du vrai ſens que les Jéſuites donnent au terme de *ſoumiſſion*, ou ſi vous étiez tenté de croire qu'ils n'y attachent plus aujourd'hui la même ſignification, écoutez ; voici un exemple très-récent. On a publié depuis peu un ouvrage en deux volumes, dans lequel on prouve, ou, pour parler plus juſte, dans lequel l'Auteur veut prouver la réalité de la fameuſe aſſemblée de Bourg-Fontaine, calomnie pure, inſigne fauſſeté, que les Jéſuites ont inventée, que l'on réfute depuis un siecle, & que l'on ne cesse de remettre au jour depuis le même temps. On parle dans ce libelle de l'infâme Apologie des Casuistes, qui est la production du Jésuite Pirot, & qui a mérité la censure des Curés de Paris, & du S. Siege; & l'on y dit que les Jésuites se sont tellement soumis à la condamnation de ce livre *que depuis aucun n'a même dit une seule parole pour le défendre, en quoi la Société a donné un bel exemple de soumission, & digne d'etre imité.* (p. 86.) Mais que veulent dire ce silence & cette soumission? Que le pere Moya, Jésuite Espagnol, Confesseur de la Reine Marie-Anne d'Autriche, veuve du Roi d'Espagne, a fait depuis une autre apologie des Casuistes, plus mauvaise que la premiere, & que Rome a condamnée encore plus solemnellement. Ils veulent dire: que le Pere Honoré Fabri en a fait encore depuis une troisiéme, sous le nom supposé de Bernard Stubrok; & que non content de ce misérable ouvrage, il en a de plus mis au jour un autre en deux volumes *in-folio*, où on lit l'approbation du Pere la Chaise, Confesseur de Louis XIV, & celle de huit autres Jésuites: sans compter un grand nombre d'autres faits, qu'il seroit trop long de rapporter, & qui prouvent tous ce que signifie le terme de soumission dans le double langage des Jésuites, & l'usage qu'ils en font & qu'ils en ont toujours fait; comme on l'a vu à l'occasion des condamnations de la Bibliotheque Janséniste, & de l'Histoire du Peuple de Dieu par le Pere Berruyer, dont ils font encore l'éloge, qu'ils font lire encore, sans s'embarrasser de l'insulte qu'ils font par là au

Pape actuellement régnant , qui cependant le
fouffre avec une patience trop remarquable
& trop héroïque. Que Monfieur le faifeur de
Réflexions voie donc maintenant, combien il
eft éloigné de fon compte , de combien il
manque de connoiffances , puifque je viens de
lui faire fentir que deux exemples authentiques , & très-connus , empruntés du feul gouvernement des deux premiers Généraux ,
étoient fuffifans pour démontrer la réalité
d'une propofition qu'il n'auroit pas dû paffer
fous filence.

V I Ie. RÉFLEXION.

» **I** L s font très-perfuadés de la droiture des
» intentions de Sa Maiefté Très - Fidèle , &
» de celle de fes Miniftres, & des deux Emi-
» nentiffimes Cardinaux.

La réflexion que l'Auteur fait fur ce peu
de paroles eft fans réflexion ; il n'y dit rien.
Quatre lignes en font toute la matière, quoiqu'il eût un beau champ, pour donner au moins
un abrég édes calomnies, qu'il dit que les Jé-
fuites ont répandues dans toute l'Euro-
pe, pour décréditer le très-religieux Gouverne-
ment de notre Souverain. Il eft vrai qu'il l'a-
voit déjà fait à la page 78 ; mais c'étoit ici le
véritable lieu ; & il en auroit nourri fa réflexion, qui eft trop féche. Je fçais qu'il peut
me répondre que ces calomnies font connues,
étant répandues & répétées partout , non-feulement par plus de vingt mille Jéfuites ; mais

auſſi par leurs ridicules dévots, qui ſont aſſez ſtupides pour croire que ce ſont autant de vérités, & qui le ſement partout, & les ſoutiennent comme autant de choſes indubitables; & malheur à quiconque les contrediroit! Qu'il faudroit avoir avec eux un procès qui ne finiroit point, & ſe prendre aux cheveux: Qu'il ſeroit même inutile d'en écrire de Lisbonne à Rome, où ces calomnies ſont très-connues, & plus favorablement accueillies : qu'on fait partout ſonner trèshaut, que le Roi Très-Fidèle vouloit ſupprimer l'Inquiſition, & introduire dans ſes Etats la liberté de conſcience : qu'il avoit accordé aux Anglois un endroit particulier à Lisbonne, où ils puſſent exercer publiquement les actes ſacrilèges de leur perverſe religion, & la prêcher hautement : qu'il vouloit faire une alliance avec leur Roi hérétique : qu'on n'a chaſſé les Jéſuites qu'à cauſe de leurs oppoſitions à ces attentats contre la Religion Catholique ; & autres ſemblables impoſtures, qui vont toujours croiſſant outre meſure ; & que vû leur trop grande multitude il n'étoit point facile de les recueillir toutes, & de les réfuter dans un ouvrage auſſi court que celui des Réflexions. L'Auteur a d'ailleurs employé trop peu de temps à compoſer ſon livre. Le Mémorial des Jéſuites, préſenté le 31 de Juillet, n'a pu parvenir à Lisbonne que vers la fin du mois d'Août, quoique les Jéſuites, dès qu'il eut été préſenté au Pape, l'ayent répandu dans tout Rome ; tant il leur parut qu'ils avoient fait la choſe la plus belle, & qui devoit attirer à eux tout l'univers ; au lieu que leur conduite fut mépriſée des gens ſages,

& que leur requête ne fut embrassée que par leurs adorateurs, qui la regarderent comme un écrit qui seroit venu du ciel, leur suffisant de sçavoir qu'elle venoit des Jésuites. Or, les Réflexions furent faites très-peu après, puisqu'il n'y est pas dit un seul mot de l'exécrable attentat commis dès le 3 Septembre suivant, contre la sacrée personne du Roi; ce qui prouve que l'Auteur ignoroit encore que cette action détestable avoit pris sa source chez les Jésuites. Il est vrai que la nouvelle de l'assassinat de Sa Majesté & de la complicité des Jésuites ne devint bien certaine qu'environ quatre mois après l'action; cependant si l'Auteur eût encore retardé quelques semaines de plus à faire paroître ses Réflexions, il les auroit enrichies d'une circonstance, qui les auroit rendues tout autrement importantes. Sa septième Réflexion, en particulier, auroit été un peu plus longue; mais elle y eût beaucoup gagné, & elle auroit été la plus intéressante de toutes. Je ne doute point qu'il ne le sente, maintenant qu'il lui est libre de feuilleter les archives Royaux qui lui auroient donné les lumières les plus précieuses. Mais il faut espérer que ce qu'il n'a pas fait alors, il le fera aujourd'hui qu'il en a toute la commodité. Au reste, il n'a pu moins faire, que de faire cette réflexion, *que les termes polis & officieux dont se servent les Jésuites sont démentis par les faits.* Y a-t-il en effet aujourd'hui un enfant qui ignore que l'on ne peut faire aucun fonds sur les paroles des Jésuites, non plus que sur les promesses qu'ils font par écrit, de quelque apparence d'authenticité dont ils les revêtent, &

quand même elles feroient dreffées & fignées par un Notaire, en préfence d'autant de té-moins que l'on voudroit, & munis de toutes les formalités les plus obligatoires que les tribunaux aient pu imaginer pour lier irrévocablement les hommes. Or, jugez de-là quel cas l'on peut faire de leurs paroles *officieufes*, auffi bien que de leurs louanges. Et ceci n'eft point un mal d'un jour, ni qui foit arrivé à l'improvifte, & d'un moment à l'autre, comme feroit une apopléxie. Les Jéfuites ont toujours été les mêmes ; & ils l'ont été en tous lieux comme en tout temps ; c'eft une vérité qu'on ne peut trop redire. Faites attention à cet éloge que leur Pere Sacchini fait de St. Charles Borro-mée, dans fon Hiftoire, livre 6, nombre 6. *Charles, Cardinal Borromée*, dit-il, *cet homme fi diftingué, regardé comme Saint au jugement du Saint Siége, & que toute la Chrétienté confidére, prefque d'un commun accord comme le patron de l'Univers.* Sacchini parloit ainfi avant l'année 1610, & il en parloit à l'occafion de l'accueil que le Saint Prélat fit aux Jéfuites lorfqu'il les reçut à Milan, plus par un zèle qui venoit de fa charité, que par un efprit de prophétie, dont le Seigneur ne le favorifa pas en cette occafion, peut-être pour lui fournir celle d'exercer depuis l'humilité qu'il aimoit par-deffus tout ; car, après qu'il les eut admis, il eut très-fouvent lieu de connoître combien il s'étoit trompé. Mais quel langage différent dans le Pere Jules Mazarin, Jéfuite, en parlant du même Saint Charles ! Au lieu des éloges que l'on vient de voir, de quelles injures, de quelles épithétes indécentes, ce Jéfuite ne le chargea-t-il pas dans la chaire même de vérité, & en présence d'un nombreux auditoire? C'est ce qu'on lit dans la vie de ce grand Saint, où l'on voit, qu'entre autres impertinences grossieres, il le compara a un œuf, tout rouge au dehors & béni, mais dur & difficile à entamer. Ces grossieretés cependant, & celui qui les avoit débitées, ne trouverent que des défenseurs audacieux dans les autres Jésuites. Il est vrai que le Pere Mazarin fut mandé à Rome, & qu'il y eut contre lui une sentence de condamnation, malgré Saint Charles qui porta l'humilité jusqu'à s'y opposer. Mais les Historiens de la Société se sont bien donnés de garde de rapporter ce fait. L'on ne peut même douter qu'ils n'eussent également passé sous silence l'éloge du même Saint, que j'ai rapporté, s'ils eussent vu les lettres de cet illustre Archevêque, dont les originaux sont encore manuscrits, dans lesquelles il peint au naturel & selon la vérité, & la Société, & ceux qui la composent. Mais je parlerai de ceci ailleurs plus amplement. Vous vous rappellez, ou du moins vous avez entendu dire, ce qui s'est passé lorsque les Dominicains voulurent aggrandir la Bibliothèque Casanate, qui est si utile, & si avantageuse au public, & l'étendre jusqu'à la rue, qui est entre eux & la partie latérale du Collége Romain. Le Pere Cloche, alors Général des Dominicains, qui connoissoit bien les disciples de Loyola, prévit très-sagement que ses Religieux auroient avec eux un procès interminable; où les meilleures pieces seroient d'autant plus inutiles, que les Jésuites n'y seroient jouer que leurs intrigues, & n'employeroient que leur crédit ; & que quelques raisons qu'ils eussent de vendre, ils risquoient d'avoir contre eux une sentence avec tout ce qui s'en-suit. Pour parer à cet inconvénient, le pere Cloche alla trouver le pere Tambourini, Général des Jésuites, muni de tous les desseins que l'on avoit faits, de toutes les mesures de la hauteur & de la largeur du bâtiment ; & après l'examen de la situation, & qu'on eut dessiné tout le local, & marqué où, & de quelle maniere on devoit bâtir, il fit un acte d'accord, clair, bien expliqué, revêtu de toutes les formalités convenables, & où il ne manquoit aucune des mesures que le Cipolla & cent autres Avocats ont pu imaginer avec toutes leurs plus subtiles spéculations. On fit venir ensuite un Notaire public ; le pere Tambourini signa l'accord au nom de toute sa Société, & s'obligea, dans la forme la plus ample de la Chambre Apostolique, à y être fidéle : on crut en conséquence que tout étoit arrangé, & l'on commença le bâtiment. Mais à peine on eut fait quelques toises ou quelques pans, que le pere lecteur de la langue Hébraïque, dont la classe étoit de ce côté là, fit signifier une défense de continuer, sous prétexte que le mur qu'on élevoit lui ôtoit le jour, & qu'il ne pouvoit plus distinguer un *ségol* d'un *patac*, ni les autres points de la massore. Cette supercherie, je dirois même cette fourberie, fit tant de bruit qu'elle souleva tout Rome, & que l'on jugea convenable de supprimer le tout. Il n'en est resté que cette lettre, si pleine d'agrémens, que

le célèbre Gigli composa à cette occasion ,
pour baffouer la Société & la honnir. Telle
eft la foi que l'on peut avoir aux paroles *officieufes* des Jéfuites.

VIIIe. RÉFLEXION.

>> NÉANMOINS ils craignent qu'ils n'ayent
>> été prévenus par les artifices de perfon-
>> nes malveillantes «.

L'Auteur des Réflexions dit ici une chofe
qui n'eft que trop vraie, que les Religieux
de la Société de Jefus ont coutume de donner, de leur chef, aux autres le titre de
malveillans : mais il n'eft pas vrai que ce
n'eft que depuis *cent* ans qu'ils ont pris cette
habitude. Il s'eft certainement trompé ; &
il a voulu dire *deux cents*. Cette méprife
fait voir qu'il eft un peu affectionné aux Jéfuites, & qu'il ne lit pas, comme moi, leurs
ouvrages. Pour moi, qui ai parcouru leurs
Hiftoriens, j'ai trouvé que le pere Orlandin,
qui commence fon Hiftoire à l'origine de
la Société, parle fouvent de *malveillans*,
dès le premier livre de fon ouvrage. Mais,
auparavant, il avance cette maxime générale, qu'il pofe (n°. 97) comme un axiome
géométrique : *que le Catholique même, le plus
integre, ne fe pourroit défier des calomnies des
malvaillans, dont tout eft rempli.* Ce qu'il ne dit
pas à propos de la Société, mais des Juges ; &
ce que l'on pourroit appliquer aujourd'hui à
ceux qui, par un jugement téméraire, & par

conséquent coupable d'un péché grave, & inexcufable, même felon Diana & le pere de Moya, taxent d'injufte le procès fait & la fentence donnée à Lisbonne contre ceux qui ont attenté à la vie fi précieufe du Roi très-Fidéle, fur ce feul fondement que les Jéfuites de Rome nient ce fait. Le même Hiftorien raconte enfuite comment faint Ignace voulut faire approuver fon inftitut par Paul III, qui renvoya l'affaire à trois Cardinaux, du nombre defquels étoit le Cardinal Barthelemi Guidiccioni, qui, étant un homme fçavant, fage & bien inftruit des Canons, ne voulut point abfolument qu'il fut approuvé : il n'y a déjà, difoit-il que trop de Religieux, & il feroit bien plus néceffaire d'en diminuer le nombre. Sur quoi le pere Orlandin, ne fe poffédant point, dit que cette oppofition ne vint que par la jaloufie *des malveillans,* Vous voyez donc par là que ce refrein n'a pas feulement cent ans, qu'il en a même deux cent, comme je le difois. Quoique le Janfénifme foit une découverte plus moderne, elle a déjà un peu plus de cent ans : or, on trouve fouvent les Janféniftes dans les volumes fuivans de l'Hiftoire Ignatienne, où l'on compte parmi eux jufqu'aux Apoticaires qui ont voulu décréditer la thériaque du Collége Romain. On ne voit que des Janféniftes dans la Lettre du Jéfuite à un Gentilhomme Milanois, que j'ai déjà citée; le Tibre lui-même ne porte fes eaux que fur des bords chargés de Janféniftes; les fept collines de Rome, depuis leur fommet jufqu'à leurs pieds, ne font occupés que par des Janſéniſtes, qui font écho avec ceux de Port-Royal, quoique ce lieu ait été détruit dès 1709, par l'honorable entreprife des Jéſuites, qui ne s'y font portés que pour la plus grande gloire de Dieu. Les Congrégations les plus exemplaires, & dans leſquelles il y a plus d'hommes pieux & ſçavans, font des nids & des retraites de Janſéniſtes : les Prêtres les plus faints, qui vivent retirés, appliqués à leurs fonctions, qui font déſintéreſſés & exempts d'ambition, ne font que des Prêtres Janſéniſtes, au dire de notre Jéſuite anonyme. Paſſez du pere Orlandini au pere Sacchini, & de celui-ci au pere Jouvancy ; parcourez les énormes volumes du pere Bartoli, à chaque pas que vous ferez vous trouverez des Bataillons & des Régimens complets de *Malveillans* dans toutes les quatre parties du monde, & (choſe merveilleuſe !) dans des gens de toute eſpece, eccléſiaſtiques, féculiers, nobles, roturiers, ſçavàns, ignorans, tous réunisfeulement contre les diſgraciés Jéſuites, de même que les mouches s'acharnent ſur les poires pourries, ou ſur le miel, & ſur les reſtes d'un repas. Et pourquoi cela, diſent-ils ? C'eſt parce que nous ſommes tous occupés du ſervice de Dieu. Quoi donc ! Eſt-ce que les autres Religieux & les autres Prêtres font livrés au ſervice du Diable ? Eſt-ce que Dieu n'a point eu & n'a point encore de ſerviteurs doués de quelque capacité, propres à quelque choſe, excepté les Jéſuites ? Ils le penſent ainſi ; s'ils ne le diſent pas expreſſément, ils diſent & impriment bien des choſes qui font tirer cette conféquence, & qui la font tirer ſans trop preſſer ce qu'ils diſent & ce qu'ils écrivent. Mais par qui ſont-ils crûs, à l'exception de leurs ſtupides adorateurs ?

A ce mot, *Diable* ou *Satan*, que je viens de nommer, je me rappelle une choſe plaiſante, dont j'ai ris de bon cœur en liſant les hiſtoriens que je citois il y a un moment, & dont je ri encore quand il m'arrive d'en rencontrer quelque paſſage. Je ris, dis-je, toutes les fois que je vois que cette bête infernale eſt rappellée, qu'on lui fait jouer un perſonnage dans des endroits où Dieu devroit être nommé. Il ſuffit que vous ouvriez un des volumes que je viens de citer, & que vous arrêtiez vos yeux ſur la premiere page que vous trouverez, vous y verrez le nom de *Satan* avec une belle S majuſcule. Il ſembleroit que le Diable ait eu plus d'affaires avec nos bénits peres qu'avec tous les Saints de l'Ancien & du Nouveau Teſtament, qui ont été ſur terre & ſur mer. S'ils ne peuvent mettre le pied dans une Province, dans un Diocèſe ; c'eſt Satan qui les traverſe. N'ont-ils pu s'établir dans une Ville, comme à Lucques, à Bergame, à Céſene, &c. c'eſt que Satan ne l'a pas voulu. Leur a-t-il échappé un héritage, une donation, un établiſſement, ſur quoi ils avoient compté ? c'eſt l'ouvrage de Satan. A-t-on cenſuré ou défendu un de leurs Livres ? C'eſt Satan qui a ſéduit les Cenſeurs. Je ſçais qu'il a été dit dans une de leurs chaires, non dans une petite bourgade de campagne, que les lettres qui ſont venues ici de Portugal depuis ſix mois, c'eſt Satan qui les a écrites & qui les a apportées, & par conſéquent qu'elles ne

méritent aucune créance. Et qui croyez-vous
qui a fait les Réflexions que je critique, &
dont l'Auteur eſt ſi peu connu, que l'écrivain
de la lettre au Seigneur Milanois n'a pu le
deviner, & qu'il en a fait Auteur un autre
que celui qui les a compoſées ; quoique, pour
vous le dire en confidence, ce ſoit l'ouvrage
d'un homme qui, s'il étoit néceſſaire, ſe
montreroit à découvert, comme j'en ſuis auſſi
aſſuré que je ſuis certain que je vis ? Certainement ſi ce n'eſt pas Satan qui les a écrites,
car le ſtyle de ces Réflexions ne me paroît
point reſſembler à celui du Diable, c'eſt au
moins lui qui en a fourni les matériaux. Il
n'y a que lui en effet qui ait pû pénétrer dans
tant d'endrois ſecrets, & ſermés à cent clefs.
Ce ne ſera point non plus à Satan que l'on
pourra attribuer ce qu'il y a de bon dans ma
critique, parce que Belzebut ne peut être
contraire à lui-même, autrement ſon regne
ſe détruiroit. Mais revenons à l'Auteur des
Réflexions : il a fait ici une faute d'omiſſion
en ne recherchant point par quelle raiſon
tous les Jéſuites ſe plaignent partout des
malveillans : c'eſt une recherche qu'il devoit
d'autant plus faire qu'elle n'eſt point difficile;
& que cette raiſon n'eſt pas aſſez cachée pour
n'être pas aiſément découverte : Pour moi
je l'ai apperçue & expliqué en peu de mots.
Je vous la dirai donc. Cette raiſon eſt parce
que, comme dit le proverbe, l'Ourſe ſonge
aux poires, que celui qui eſt ſaint croit que
tous les autres le ſont, que le méchant penſe
que tout le monde eſt méchant, & que le
ladre ne voit que des ladres. Or le ladre pour
empêcher qu'on ne le regarde comme tel,

commence par taxer le premier les autres de
ladrerie. Semblable à cette femme du monde qui plaidant avec une bonne Dame, sa
voisine, lui fit signifier un titre qui n'appartenoit qu'à celle-ci. C'est ainsi, oui, c'est ainsi
qu'en agissent les Jésuites : l'on peut dire
d'eux ; *que ce sont des orgueilleux qui se
disent justes, & qui veulent imputer aux autres
le crime dont ils sont seuls coupables*, comme
Saint Augustin l'a dit des Donatistes (T. 9.
Cant. in Donat.) Au reste je n'entreprends
pas de dire si les Jésuites sont *malveillans* &
malfaisans, ou s'ils sont bénévoles & bien-
faisans, parce qu'ils ne m'ont fait ni bien ni
mal. Mais l'Auteur des Réflexions n'a fait
autre chose dans son écrit, depuis le commencement jusqu'à la fin, en traçant leur
caractere : ensorte que, suivant son système,
il a sçu distinctement la raison pour laquelle
ils mettent si fréquemment en jeu les *malveillans* & *Satan*, qui les piquent, qui leur
font de la peine, & les *Hérétiques* qui les
persécutent, parce qu'eux mêmes font toujours le mal & qu'ils calomnient toujours ;
ce qui est l'office du Diable, comme son nom
le marque ; enfin parce qu'eux-mêmes persécutent, non-seulement leurs ennemis, mais
tous ceux qui ne pensent pas comme eux,
ou qui n'adherent pas à ce qu'ils veulent :
cela est si évident, que je perdrois le temps
si je m'amusois à le prouver.

✠

IXe. RÉFLEXION.

» Parce qu'ils ne peuvent se persuader
» qu'ils soient coupables de crimes si atro-
» ces. «

La réflexion que l'Auteur fait ici, est très-
juste. Il dit que le P. Général (il devoit lui
associer tous les Jésuites, & le troupeau de
leurs dévots,) ne peut se persuader que ses
Religieux soient coupables , ou par la prévention où il est que les Jésuites sont impeccables, ou parce que faisant attention aux
avantages que la société retire de tels crimes ,
& l'intérêt qu'elle y a , ses Religieux les regardent comme des choses indifférentes, ou
même méritoires , selon leur morale , qui
enseigne que tout est permis, quand on le fait
pour n'apporter aucun préjudice à la très-
sainte & sacrée Société de Jesus , mais au
contraire pour son profit, pour son honneur,
& pour l'accroissement d'une Compagnie
que ses membres regardent comme leur seule
Divinité. La distinction est admirable ; mais
l'Auteur l'abandonne , & se met à prouver
de propos déliberé , que l'énorme commerce
dont on les accuse , est très-certain. Il est
vrai qu'il le prouve très-bien, qu'il le démontre avec la plus grande évidence, qu'il
les fait voir de tous côtés commerçans , en
tous lieux comme en tout temps, ne négli-
geant aucune espece de négoce ; ensorte que
lorsqu'eux & leurs partisans entreprendroient

D

de le nier, il fuffiroit de leur oppofer ces preuves. Mais l'Auteur n'en eft pas moins forti de la route. Il devoit faire voir combien le Pere Général & fes Religieux manquoient de raifon, de ne pouvoir fe perfuader que leurs Confreres fuffent coupables, parce que les crimes dont on les a accufés, font atroces. Eux qui font fi inftruits n'ont pu oublier ce beau paffage de S. Auguftin, qui dit : *Qu'il n'y a point de péché qu'un homme commette, qu'un autre homme ne puiffe également commettre, fi celui qui a fait l'homme vient à l'abandonner.* Mais peut-être auffi que ce paffage eft un de ceux qu'ils ont effacés de leurs exemplaires, comme étant contraire à la nouvelle doctrine de leur Pere Molina. Au furplus, laiffons-là les autorités, & venons à l'expérience, qui eft la maîtreffe même des infenfés. Il eft vrai qu'ils fe comparent eux-mêmes aux Apôtres, qu'ils fe croyent égaux à eux ; que l'un de leurs Hiftoriens (Orlandin l. 3. n°. 40) nous dit qu'en Portugal on ne leur donne point d'autre nom que celui d'Apôtres, & que c'étoit fous cette qualité qu'on les défignoit encore de fon temps. Ainfi on peut dire que le Pere Tanner n'a donné qu'un titre modefte au livre qu'il a publié, avec tant d'Eftampes ridicules, qui contient les vies d'un nombre de Jéfuites, lorfqu'il l'a intitulé : *La Société imitatrice des Apôtres.* Je ne les crois pas cependant impeccables, puifque leur Pere Berruyer n'accorde pas même ce privilége à Jefus-Chrift, quoique la Foi enfeigne le contraire, comme on vient de le faire voir dans une réfutation du Livre de ce Jéfuite que l'on a imprimée depuis peu à Rome. D'ailleurs fi Judas, qui étoit un des Apôtres, & que la fageffe in-créée avoit choifi elle-même, eft tombé dans le péché d'avarice, pourquoi les Jéfuites ne pourroient-ils pas auffi faillir ? Si cet Apôtre infidele déroboit ; ne pourroit-il pas auffi ar-river que les Jéfuites qui font fi avides de commercer, commettent quelque infidélité dans leur négoce ? Au refte, le vol étoit per-mis chez les Lacédémoniens pourvû qu'on ne s'en apperçut pas. Or les Jéfuites volent avec grace & couvrent leur vol avec adreffe. Leur Pere Ammonio, préfidant au bâtiment de leur Collége de Florence , obtint du Grand-Duc Cofme III. qu'on lui donneroit gratuitement tant de livres de fer par an pour contribuer à cet édifice. Ce Pere, homme très-poli, ajouta un zéro à la fin de chaque nombre qui exprimoit la fomme des livres de fer que ce bon Prince donnoit, & par ce moyen il enfla tellement la quantité de ce qui étoit prefcrit par l'ordre du Prince, que les cent devinrent des mille. Après que cette fourberie eut duré un certain temps , elle fut découverte , & l'ordre du Grand - Duc fut révoqué. On chaffa le Pere Ammonio de Florence, mais il fut envoyé dans un meilleur Collége. Ce fait eft le pendant de celui qui étoit arrivé à Malaga. Les Jéfuites y avoient obtenu de Philippe III. la permiffion de faire battre un million de Patagons pour le bâti-ment de leur grand Collég , ils en firent battre plus de trois, & ils auroient continué cette manœuvre jufqu'à la veille du jour du Jugement , fi leur fourberie n'eût pas été dé-couverte. La monnoie d'ailleurs qu'ils avoient fait battre n'avoit point le poids qu'elle devoit avoir ; elle étoit si petite , si mauvaise qu'on disoit proverbialement *la monnoie des Jésuites* , pour désigner une monnoie méchante, légere & de mauvais alloi. Ces voies injustes qu'ils prennent pour s'enrichir , jointes à leur insatiable avidité pour toute espece de commerce, ont souvent fait du bruit, & à Malaga & en différens autres pays , & ont formé les objets d'accusations dont on les a chargés en Espagne auprès de Philippe II , & en France auprès d'Henri IV , selon que l'avoue le Pere Jouvanci lui-même , un de leurs historiens (livre 13 , p. 239.) En Allemagne, le Baron Herman de Questenberg , écrivant au Pere Théodore Lennep , Jésuite , son parent, crut devoir lui donner sur cela quelques avis : *Ceux* , dit-il , *qui se revêtent de l'apparence du bien, se rendent plus coupables sous ce voile de la piété, &c. Tous les honnêtes gens reprochent cette cupidité aux Peres de votre Société.* Mais ce seroit hors de saison s'embarquer sur une mer trop vaste ; & ce que je viens de dire suffit. L'Auteur des Réflexions devoit donc combattre l'incrédulité du Pere Général & de ses freres, qui ne peuvent s'imaginer que les Jésuites soient coupables , & tenter leur conversion, si cela étoit possible. Il l'excite à lire l'histoire de sa Compagnie, & il a raison ; mais un moment après il laisse là ce point ; au lieu que s'il en eût tiré l'usage qui lui étoit offert, il auroit pû faire observer à sa Révérence , qu'elle auroit vû dans cette histoire, que le très-sçavant Guillaume Postel , qui, outre son érudition, *donnoit en apparence des preu-*

ves d'une piété peu commune (Orland. l. 5 , n°
3.) tomba cependant dans *des crimes très-
graves;* puifque d'abord il voulut perfuader
qu'il étoit rempli d'un efprit prophétique ; &
qu'enfuite il fe mit en tête d'inftituer quelque Ordre de Chevalerie, dont les membres
iroient prêcher, par le monde , un nouvel
Evangile , dont la Doctrine étoit, que de
même que J. C. étoit le nouvel Adam, qui étoit
venu pour réparer les pertes caufées par les
prévarications de l'ancien , de même une certaine vieille femme, de la fainteté de laquelle
il difoit des merveilles , étoit une nouvelle
Eve, deftinée à réparer le mal de l'ancienne, & à être, pour ainfi dire le Meffie des
femmes. Ni les exhortations de faint Ignace,
ni les raifons des peres Lainez & Salmeron ,
ne purent jamais le guérir de ces vifions extravagantes & hérétiques. Il auroit aufli trouvé (pour finir par un fait qui va directement au but) que, dans le Portugal, douze ans après l'établiffement de la Société,
les Jéfuites, qui étoient très-favorablement
accueillis du Roi Jean III , tombèrent dans de
fi grands relâchemens , & dans des crimes fi
énormes & fi honteux , qu'ils perdirent tout
leur crédit à Coimbre ; que faint Ignace fut
obligé de changer tous ceux qui étoient dans
cette Ville ; & que pour y parvenir, pour for-
cer fes propres enfans à lui obéir, empêcher
les Supérieurs de les maintenir dans leurs emplois, au mépris de fes ordres, & faire ufage ,
à cet effet, des protections qu'ils avoient , il
fe vit contraint de recourir au Cardinal Henri
de Portugal , & à fon frere don Louis. Or , fi
ces exemples n'ont pas été rares , lorfque les

Jésuites n'étoient encore qu'en petit nombre, qu'ils étoient pauvres, qu'ils étoient presque sans pouvoir, & que la Société n'étoit encore que dans son berceau ; comment le Général & ses associés peuvent-ils se persuader que leurs confreres ne puissent être capables de commettre des crimes graves, maintenant que les plus puissans aiguillons de la concupiscence les animent de tous côtés ; & que par-tout ils ont leurs aises & leurs commodités, que les délices les flattent de toute part, qu'ils sont riches ; en un mot, qu'ils ont tout ce qui peut flatter les sens, & entraîner dans le vice ? Voilà ce que l'Auteur des Réflexions devoit dire, & même beaucoup plus. Passant ensuite à un autre point, il auroit dû faire attention que l'on peut supposer ce cas, que les Jésuites auront réputé innocens les faits que l'on qualifie de crimes atroces, & qui, dans la vérité, considérés en eux-mêmes, ne peuvent passer que pour tels ; qu'ils les auront, dis-je, réputés pour innocens, considérés relativement à la doctrine, à l'intérêt & à l'institut de la Société : oui, croyez-moi, c'est une opinion plus que probable qu'ils les regardent même comme des actions bonnes. Comment voulez-vous que les Jésuites n'envisagent pas comme une chose très-licite de s'emparer d'une ou de plusieurs Provinces, & de les enlever au Roi de Portugal, puisqu'ils croient bien qu'il est permis de lui ôter la vie, pourvu que ce soit pour l'avantage de la Société ; c'est-à-dire, pour la plus grande gloire de Dieu. Ils auront la même idée du commerce, qui est quelque chose de moins important. Et, moi-même, je ne sçai qu'en penser, quand je vois que quelque public, quelque connu que soit ce com-

merce, & fous quelques peines, fpirituelles
& civiles, qu'il ait été d'ailleurs défendu, cependant, depuis plus d'un fiècle, on ne leur
a pas feulement donné fur cela un avis chari-
table : & que, loin de les avoir déclarés excommuniés, par-tout on leur a mis la palme
en main, & on les a regardés comme des mo-
dèles refpectables d'une vie chrétienne, comme maîtres des ufages, comme des hommes
bien méritans, prefque néceffaires à l'Eglife de
Dieu, comme les perfonnages les plus zélés,
&, enfin, comme les directeurs les plus furs
de ceux même qui font obligés de veiller fur
eux. Du refte, cette longue énumération de
faits, tous auffi véritables qu'ils font connus,
que l'Auteur des Réflexions nous donne, pour
prouver la réalité du commerce des Jéfuires,
eft inutile ici, & il pouvoit nous l'épargner :
les dévots même des Jéfuites ne le nient pas,
puifque ce font ceux qui achettent d'eux tout
ce qu'ils peuvent, & que jamais on ne les portera à convenir que ce foit une chofe illicite ;
il leur fufit que les Jéfuites, qui, felon eux,
font impeccables, ne faffent fur cela aucune
difficulté : auffi les bénis peres, très-attentifs
à multiplier ce commerce en toute occafion,
y employoient ils leurs Colléges, leurs Maifons profeffes, leurs Séminaires, leurs Novi-
ciats, leurs Confeffionaux même, leurs Miffions & leurs Ecoles. A propos de cela, je
veux vous dire ce qui fe paffe dans leurs Ecoles de Milan. Les Jéfuites, d'accord avec Jofeph Marelli, Libraire & Imprimeur, y font
feuls le commerce des livres claffiques, tant
pour cette Ville, que pour tout le Milanez,
& afin d'étendre ce commerce, ils ne veulent

pas que les écoliers se pourvoient ailleurs des livres dont ils ont besoin, & ils ont grand soin de leur dire que tous ceux qui sont de l'impreffion de Marelli font corrects, & beaucoup plus exacts que tous les autres. Il eft tombé entre mes mains une matiere ou compofition dictée vers le temps de l'ouverture des claffes en 1754, par le pere Falconbelli, Jéfuite, régent de fixiéme à Brera, pour étre mife en latin par fes écoliers ; j'y ai lu entre autres chofes ce qui fuit : » de même qu'un brave foldat » eft jaloux d'avoir de bonnes armes, & qu'il » les achete volontiers, quoiqu'il puiffe en » avoir à un prix plus bas, mais qui feroient » moins bonnes ; de même un écolier doit être » empreffé de fe fournir des meilleurs livres » qui fe vendent. Ainfi puifque vous devez » acheter demain un Cicéron , prenez garde » de n'en point prendre de ceux qui font pleins » de fautes ; mais ne vous pourvoyez que » deceux que Jofeph Marelli a impri- » més à l'ufage de l'univerfité de Bréra :. » (*il devoit ajouter , & pour le profit de la So-* » *ciété*). Achetez du même Imprimeur une » Grammaire & un Dictionnaire, fi vous n'a- » vez point encore ces livres ; car vous verrez » que ceux qui viennent d'ailleurs ne font pas » feulement inutiles, qu'ils font même nuifi- » bles, à caufe de la multitude de fautes que » l'on y trouve «. Mais ce que le Jéfuite dit là eft faux : les éditions de Marelli paffent pour très-défectueufes ; elles coûtoient moins à imprimer , afin que la vente rapportât davantage Mais qu'importe ? Les Jéfuites trou- voient leur compte dans leur menfonge : ils s'embarraffent peu de faire préjudice à un tiers , toutes les fois qu'ils y trouvent leur propre avantage. Bref, par-tout où font ces peres , par tout où ils vont , comme dans tout ce qu'ils font, ils ont toujours boutique ouverte. Au refte , puifque l'Auteur vouloit dire tout ce qu'il fçavoit fur l'article du commerce , au fujet duquel les féculiers n'ont aucun fcrupule , & que l'on ne blâme, dans les Jéfuites, que parce qu'ils font eccléfiaftiques , & qu'ils l'exercent par avarice & fous prétexte de prêcher la foi ; il pouvoit entrer dans le détail de toutes les friponneries manifeftes & fans nombre qu'ils ont faits, en tout temps & en tous lieux , comme en cent manieres différentes , & dont ils ont été convaincus par des procédures en régle & par des fentences juridiques , & dont on trouve le récit dans une multitude de volumes. Il pouvoit ajouter à ce détail le *procés* fait contre les memes , à Breft en 1750, & qui eft rapporté dans le fupplément à l'ouvrage intitulé : *les Caufes célèbres*, dont il y a plufieurs volumes. Je ne puis m'empêcher de dire qu'il s'eft expofé à une jufte critique; s'il a cru qu'il perdroit fon encre & fon papier en entreprenant cette énumération , parce que , quoique depuis longtemps les livres qui contiennent ces faits foient entre les mains d'un très grand nombre de perfonnes , & que lefdits faits foient en quelque forte fous les yeux de chacun , cependant tous les partifans de la Société ne les voient pas , & qu'à cet égard ils demeurent toujours aveugles. Ceux-ci me font mourir de rire , quand je leur entends dire qu'ils auroient voulu que l'on eût imprimé à Lifbonne les procès faits ailleurs

D v

contre les Jéfuites. Ils ne les croiroient pas, je ne dis pas feulement quand on les leur montreroit imprimés, je dis même quand on leur en feroit voir les actes originaux. Les Jéfuites ne leur en paroîtroient pas moins innocens, & Malagrida un grand faint. C'eft ainfi qu'ils font l'éloge du pere Guignard comme d'un martyr, quoique pendu à Paris, en place de Grève, pour être entré dans la confpiration formée contre la vie d'Henri IV : c'eft ainfi qu'ils font paffer le pere Girard pour un faint, quoique condamné au feu par un Arrêt du Parlement d'Aix (a) ; & qu'ils regardent de même, & de plus comme un Prophéte : le pere Cipriani, qui, ayant été mis dans les prifons de l'inquifition, trouva le moyen, à l'aide du pere Antoine Cardin, fon confrere, de s'échapper & de fe réfugier ches les Maures : c'eft ainfi encore que le pere Meno avec fon vifage pâle & maigre, avec fes habits ufés & fales, & par le bruit qu'il faifoit en chaire, étoit refpecté comme un autre faint Hilarion ; & que, lorfqu'il fut emprifonné à Valladolid, on crut voir un martyr de la primitive Fglife, quoique fes confreres, bien informés de la raifon de fon emprifonnement, ayant obtenu de le faire tranfporter dans leur Collége, fous prétexte d'en avoir foin, le firent difparoître & paffer enfuite pour mort, pendant qu'il s'étoit retiré à Genève, où il a fini fes jours. Mais, tout ce que l'Auteur des Réflexions a dit fur ce-

---

(a) L'Auteur a été mal informé. Le Pere Girard méritoit la condamnat on dont il parle ; mais le crédit de fes Confreres le fauva.

la , & tout ce que je viens d'ajouter , eft maintenant inutile ; de même que ce que j'aurois ajouté encore , fi je n'euffe pas vu un nouvel ouvrage , imprimé in- 12 , fous le titre de la Haye , intitulé : *les Jéfuites , marchands , ufuriers , ufurpateurs , &c.* Depuis l'impreffion de ce livre , il n'y a point de Cafuifte, fut-il plus relâché que Tambourin , Bufembaum & Efcobar , qui puiffe exempter d'un péché grief les Supérieurs|, qui étant obligés de corriger & de punir les Jéfuites par les peines canoniques , ne le font point. Et l'on ne peut pas dire , pour les excufer , qu'ils n'ont point lu ce livre , puifque c'eft parce qu'ils ne l'ont pas voulu , étant répandu dans toute l'Europe , & les faits , qui y font rapportés , étant tous d'une notoriété publique.

X^e. RÉFLEXION.

» D'autant plus qu'aucun d'eux n'ayant été
» perfonnellement fommé , ils n'ont pas eu
» moyen de produire leurs défenfes & de fe
» juftifier «.

Je n'ai rien à contredire de cette dixieme Réflexion ; & par cet aveu , que je fais volontiers , vous voyez , cher ami , que je ne me fuis pas engagé dans la préfente critique ni par animofité contre l'Auteur des Réflexions , ni par jaloufie des applaudiffemens que fon écrit a reçu par-tout & univerfellement , ni encore par un amour aveugle & ntéreffé pour les Jéfuites , que j'aime , mais

de telle sorte que je chéris encore plus la vérité & la justice ; ce que vous prouve mon attention à dire également ce qui est en leur faveur
& ce qui ne l'est pas , parlant librement &
comme le doit faire un galant homme. Je
pourrois dire cependant qu'il me seroit aisé
d'ajouter ici certaine chose , que l'Auteur de
cette dixiéme Réflexion n'a pu rapporter ,
parce qu'on ne la sçavoit pas alors , attendu
que ce sont des calomnies nées depuis dans
un pays très-fertile en ces sortes de fruits ,
& sous un Ciel qui les nourrit , & où on les
cultive admirablement , parce qu'ils y ont un
grand débit sur - tout chez les Grands. Je
veux parler de ce que l'on répand que toutes les procédures , les accusations , les sen-
tences & les exécutions faites à Lisbonne ,
ne viennent que d'un esprit de vengeance ,
qui ne vient lui-même que d'une source encore plus mauvaise , je veux dire de l'amour
déréglé du Roi , & de l'ambition démésurée
du Ministre , ou d'une raison d'état chimérique & très-éloignée. Calomnies que l'on n'a
pas été content de publier de vive voix ,
mais que les intéressés ont encore voulu per-
pétuer en les consignant dans des écrits rendus
publics , tels que sont certaines Lettres , d'a-
bord manuscrites , ensuite imprimées à Trente , & toutes manifestement supposées. Mais ,
que dis-je ? Pour juger , attendons ce qui aura été dit , même depuis la conjuration faite
contre la sacrée personne du Roi Très-Fidéle.
C'est pourquoi il faut donner aux Jésuites le
moyen & le temps de produire leurs défenses
& ce qu'ils peuvent alléguer pour se disculp-
per. Laissez-les faire ; ils possedent l'art ad-

mirable de faire voir blanc ce qui eſt noir ; &
jamais perſonne au monde n'a ſçu mieux
qu'eux faire des tours de mains.

XIᵉ. RÉFLEXION.

» Mais, quand même quelques-uns de ces
» Religieux ſeroient coupables de tous ces
» crimes atroces qu'on leur impute ; ils eſ-
» perent qu'on n'en étendra pas l'accuſation
» ſur tous , ni même ſur le plus grand nom-
» bre , quoiqu'ils ſe voyent tous enveloppés
» dans la même punition. Enfin , quand tous
» les Religieux dont il s'agit , & qui ſont ha-
» bitués dans les Etats de Sa Majeſté Très-
» Fidéle , ſeroient coupables, depuis le pre-
» mier juſqu'au dernier , ce qu'il paroît im-
» poſſible de ſuppoſer , ceux qui ſont dans les
» autres pays ſupplient qu'on les regarde
» avec bonté ; par cette conſidération , que
» dans toutes les autres parties du monde , ils
» employent leurs travaux à procurer, ſe-
» lon leur foible pouvoir, l'honneur de Dieu
» & le ſalut des ames «.

Dans ce que je dirai ſur la vingt-uniéme
Réflexion , on verra le foible de celle-ci &
combien il y manque de choſes ; & je ferai
ce qui ſera en moi pour ſuppléer à ce que
l'Auteur n'a dit qu'en courant & trop ſuperfi-
ciellement. On voit bien qu'il ne ſçait à quoi
s'accrocher, & qu'il va tâtonnant chercher ce à
quoi il pourra s'attacher. De-là vient qu'il ſe
jette dans le probabiliſme , dont il n'eſt pas dit

un mot dans le Mémorial. Mais il a senti qu'il trouveroit son compte à critiquer la Morale des Jésuites ; aussi, afin que ses écarts fussent plus longs, il ne dit presque rien ici de ce qu'il auroit dû dire, & cite les Lettres provinciales & celles de M. Couët, pour faire parade d'érudition. Il ne pouvoit ni mieux faire, ni soutenir mieux la cause des Jésuites qu'en les attaquant de la maniere dont il l'a fait. Qu'il sçache donc, & qu'il l'apprenne bien, que c'est-là la vraie maniere d'établir le probabilisme & de faire l'apologie de la Morale de ces Peres. En effet, ces deux livres, ont dit & disent encore les Jésuites, ont été condamnés par le S. Siége, ce qui est une marque qu'il a approuvé cette doctrine des mœurs que Pascal a tourné en ridicule dans ses *Insipides Provinciales :* car si le S. Siége ne l'eut point approuvée, s'il l'eut détestée, si il l'eut jugée pernicieuse aux ames, comme cet écrivain prétend qu'elle l'est, non seulement il l'auroit condamnée, il auroit, de plus, regardé avec distinction & de bon œil l'Auteur desdites Lettres ; il l'auroit loué, il l'auroit récompensé. Et qu'on ne dise point que les Provinciales n'ont été défendues que parce que l'Auteur traite de la Grace dans les premieres Lettres, & par la raison qu'elles sont d'ailleurs piquantes & assaisonnées d'un sel qui répand un ridicule parfait sur les Jésuites & sur leur Morale. L'Auteur des Réflexions a lui-méme, contre son propre avantage, détruit cette objection, en citant aussi les Lettres de M. Couët, où il n'est nullement question de la Grace, qui ne contiennent ni sarcasmes, ni rien de mordant ; qui ne respirent au contraire que la douceur & la modeſtie où l'Auteur ne fait rien de plus que derapporter les ſentimens des Jéſuites ſur la Morale, & que cependant Rome a pareillement condamnées. Obſervez de plus que le Décret qui condamne ces Lettres a été juſtement donné dans le temps que l'Auteur venoit de dire, dans ſes Réflexions, (page 178) que les lumieres & la probité du Cardinal Préfet & de M. le Sécrétaire lui donnoient la confiance qu'elles ne ſeroient point prohibées. Ainſi, il faut qu'il avoue de deux choſes l'une, ou que les deux perſonnages déſignés n'ont point les qualités qu'il leur donne, (mais, qui ſeroit aſſez hardi pour le dire !) ou que c'eſt parce qu'ils ont ces qualités que leſdites Lettres ont été condamnées, parce qu on y déſapprouve la doctrine que l'Egliſe veut que l'on ſuive. Or, la doctrine oppoſée auxdites Lettres, & que celle-ci déteſtent, n'eſt autre que la Morale des Jéſuites ; donc la ſainte Egliſe approuve & ſoutient cette Morale ; & l'Auteur des Réflexions l'a lui-meme avoué, en diſant que c'eſt une approbation équivalente. On ne peut pas dire que c'eſt ni par un effet de la partialité de l'Éminentiſſime Préfet, ni par une ſoumiſſion aveugle, & en vertu de quelque étroit attachement qu'il ait pour les Jéſuites que ces Lettres ont été miſes à l'*Index*, puiſque Benoit XIV, dont l'eſprit étoit très-pénétrant & qui *étoit puiſſant en parole*, ne lui a donné que cet éloge, lors de ſa promotion, qu'il *étoit éloigné de tout eſprit de parti* : à l'égard du Sécrétaire, tout le monde ignore s'il eſt, ou non, attaché aux Jéſuites. Cette manie re d'approuver la Morale de ces Peres n'eſt pas de mon invention ; ce n'eſt pas un argument dont je me ſois ſervi le premier : l'Auteur des Réflexions peut le lire dans pluſieurs livres des hérétiques ; par exemple, dans Pierre du Moulin, dans le Miniſtre Jurieu, & dans beaucoup d'autres de cette eſpece, qui ſe ſervent auſſi du même argument pour inſulter à notre ſainte Religion, pour la décréditer dans l'eſprit de leurs ſectateurs, & pour empêcher qu'ils ne quittent le parti de l'héréſie. On peut voir encore mieux la même choſe dans les ouvrages des Jéſuites, &, en particulier, dans un écrit qu'ils ont donné, ſous le titre de *Réfutation d'un Mémoire*, &c. Il s'agit d'un Mémoire fait, en 1699, en faveur du Séminaire épiſcopal de *Liége*, contre l'uſurpation que le pere Louis Sabran, Jéſuite Anglois, venoit de faire de ce Séminaire, dont il s'empara par le moyen d'un Régiment de Soldats, qui avoit à ſa tête un Capitaine Luthérien. Les Jéſuites ne manquent point, dans leur réfutation, de ſe ſervir de l'argument que je viens d'expoſer pour montrer l'innocence & la pureté de leur Morale ; c'eſt-à-dire de faire valoir la défenſe des lettres provinciales. Je conclus de tout ceci, que ſi l'Auteur des Réflexions eut voulu agir plus ſagement, au lieu de faire uſage des deux recueils de Lettres qu'il cite, il auroit dû s'étendre beaucoup plus ſur ce qu'il n'avoit dit plus haut que comme en paſſant, & citer *l'apologie des Caſuiſtes contre les calomnies des Jéſuites*, par le pere Pirot, Jéſuite lui-même & grand Confeſſeur de la Maiſon profeſſe de ſa Société à Paris ; ouvrage qui cauſa tant d'horreur qu'il ſut frappé d'anathême, même par le Pape Alexandre VII, & très-ſéverement cenſuré & condamné par les Evêques de France, & par la Faculté de Théologie de Paris, *comme un monſtre en fait de Morale* ; ainſi que le qualifie M. de Harlai, alors Archevêque de Rouen, qui monta depuis ſur le Siége de Paris, & qui étoit bon ami des confreres de l'Auteur. Il auroit eu lieu auſſi de faire obſerver qu'Alexandre VII, dans la cenſure dudit livre, dit *que l'on n'y apperçoit que de faux principes, des raiſonnemens trompeurs, des conſéquences pernicieuſes, & une doctrine entierement oppoſée à celle de l'Evangile de Jeſus-Chriſt.* Il auroit dû citer encore la deuxiéme *correction* faite au pere Payen, & imprimée en 1692 : écrit où on lit le récit de tout ce que les Jéſuites ont fait pour défendre la même apologie du pere Pirot. Il auroit dû faire uſage de la Lettre circulaire des Provinciaux de la Société, que l'on trouve avec ladite *correction*, par laquelle Lettre ces Peres exhortent leurs confreres de ne point s'inquiéter des cenſures dont je viens de faire mention, & de ne les regarder que comme des perſécutions qu'ils ſouffrent *pour la cauſe de Dieu* ; ce qui eſt fouler aux pieds, & les Evêques & l'ancienne Sorbonne, en les déclarant ennemis de la cauſe de Dieu. J'aurois voulu voir citer, au même Ecrivain des *Réflexions*, le livre que le pere Matthieu Moya, Jéſuite, a donné ſous le nom ſuppoſé d'*Amadeus Guimenius*, ouvrage abominable, ouvrage ſorti de l'Enfer, où l'Auteur a réuni tout ce que la Morale la plus impie a de plus déteſtable ; qui a été imprimé à Bambergue , à Palerme , à Veniſe , à Madrid , à Lyon &c. ; qui a été condamné ſi ſéverement , qu'il eſt toujours excepté dans les permiſſions , même les plus é enlues , que l'on accorde de l re les livres défenlus ; qui a été cenſuré par un Bref d'Alexandre VII , du 5 Avril 1666 , & par un autre de Clément X , du 12 Septemb e 167 ; & que la hardieſſe que les bénits peres ont eu de continuer à le répandre , a obligé le reſpectable Pontife Innocent XI , de condamner de nouveau , par ſa Bulle du 16 Septembre 1680 , & de le faire brûler par la main du Bourreau comme un livre infâme , & une peſte publique. Il devoit dire que les Jéſuites qui, preſque à chaque page de leurs écrits, ſe vantent d'étre les ſeuls Réguliers qui obéiſſent au Pape , & au Saint Siége , ont malgré tant de cenſures , & ce que je ne puis ſupporter , ont , dis-je , mis au jour deux volumes *in-folio*, écrit en latin, dont j'ai déjà fait mention, compoſés par leur Pere Honoré Fabri, Pénitencier de l'Egliſe de Saint Pierre , qui étoit par conſéquent ſous les yeux même du Pape , ſous le titre d'*Apologie de la Théologie morale des Jéſuites* , & dediée au Cardinal Albizi, homme entierement vendu à la Société, & qui, pour la ſervir, a mis tout en confuſion dans l'Egliſe du Seigneur. Le livre du Pere Fabri a paru muni de l'approbation du Pere Général , qui en fait l'éloge dans une lettre écrite exprès , ſignée de pluſieurs des Provinciaux , & de quelques Théologiens de la même Compagnie; ce qui prouve évidemment que les opinions les plus relâchées, & spécialement le probabilisme, ne sont point des sentimens qui soient particuliers à quelques membres de la Société ; mais que ce sont ceux de tout le corps. Il faut encore observer que l'on a rassemblé dans l'ouvrage du Pere Fabri les autres apologies faites en faveur de l'énorme morale des Révérens Peres, & même deux traités du prétendu Guimenius où cet indigne écrivain prend la défense de son exécrable ouvrage, & de son apologie. De façon qu'il n'y a point de doctrine, avec quelque force que Rome l'ait censurée, quelque flétrissure qu'elle ait reçue, qui soit si opiniâtrement soutenue, & avec tant d'impunité ; car on s'est contenté de défendre le livre du Pere Fabr ; & à l'égard de sa personne, loin d'y avoir touché, on ne lui a pas même dit le moindre mot. Le Pere Nocetti, qui s'est livré aux memes excès, a de plus été récompensé. Voilà ce que l'auteur des Réflexions devoit dire, & bien d'autres choses encore, au lieu de citer les Lettres de Pascal & de Couet.

Le même Écrivain, après avoir montré, comme je viens de le prouver, qu'il est peu au fait de l'histoire de la Théologie morale, passe subitement, dans sa onziéme Réflexion, à la Théologie dogmatique, en mettant sur le tapis la célèbre histoire de la Congrégation *de Auxiliis*. Il est vrai qu'il fait voir en cet endroit que son penchant le porte à vouloir contrarier la Société ; mais on voit aussi qu'il n'a pas sçu atteindre le but qu'il s'étoit proposé. En effet, tout petit Frere-lay lui dira la maniere dont se conduit la Compa-

gnie, reprendra son argument, le lui retor-
quera, & le mettra même dans un plus beau
jour pour donner plus de force à la réponse,
& rendre plus complette & plus glorieuse
la victoire de la Société. Il lui dira, qu'il
est vrai que sous Clément VIII, Pape aussi
pieux que sçavant, & sous son successeur Paul
V, on a tenu, en présence même de ces deux
Papes, environ 80 Congrégations, compo-
sées des Théologiens les plus distingués &
les plus sçavans de l'Europe; que ces Assemblées ont duré l'espace de dix ans, & que
dans sept examens on a agité contradictoirement les matieres qui en étoient l'objet.
Il est vrai encore que la doctrine du Jésuite
Molina, & conséquemment celle de la Compagnie, sur la matiere de la Grace, fut, dans
plus de quarante articles, trouvée absolument
contraire à saint Augustin & à saint Thomas,
& qu'elle fut reconnue pour être Pélagienne
ou sémi-Pélagienne. Ce fut ce que déclara
expressément Clement VIII, dans le discours
qu'il fit le 20 Mars 1602, & qui troubla tellement le Jésuite Valentia, que ne sçachant
comment arracher le trait qui le frappoit,
il salsifia un passage de Saint Augustin, ce
qui lui coûta la vie, parce qu'il ne put sup-
porter la vivacité du reproche que le Pape
lui en fit si justement. Il est vrai de plus que
le même Pape fit dresser la Bulle, *Gregis
Dominici*, par laquelle il condamnoit & censuroit la Doctrine de Molina, & que n'ayant
pu publier cette Bulle, parce qu'il fut pré-
venu par la mort, Paul V. résolut de l'au-
toriser & de la publier, après qu'il auroit fait
un nouvel examen de l'objet des disputes.

Mais que suivit-il de-là ? Il eſt arrivé que Paul V. ne ſouſcrivit pas cette Bulle , & que quoique ſon Pontificat ait encore duré un nombre d'années, il ne la publia point , & approuva, dans le fait , la Doctrine de Moli-na & de la Société : car, c'eſt ce qui ſuivit ; c'eſt le fait, que l'on doit conſidérer dans ces ſortes de choſes, & non les préparatifs, & ce qui a précédé l'exécution. Qui eſt-ce qui s'aviſera de condamner quelqu'un contre le-quel on a procédé comme coupable de crimes capitaux, quand on le verra ſortir libre des liens où on l'avoit retenu ? Que l'on ne me diſe point que Paul V. ne fit que ſuſpendre pour un temps la condamnation arrêtée, ſoit par quelque motif de prudence, ſoit par les intrigues & le crédit des Jéſuites ; puiſque la Bulle eſt reſtée dans l'obſcurité & dans le ſe-cret ; qui eſt-ce qui peut ſçavoir ce que le Pape avoit dans l'ame ? Je demanderai auſſi à l'Auteur des Réflexions, qu'il me diſe com-ment ont pû ſe ſauver tant de Papes qui de-puis Paul V. ont tenu le Timon de l'Egliſe, tant de Cardinaux , tant de Prélats , qui par état & par devoir ont dû ſervir d'appui & de ſoutien à la Foi pure & ſans tache de Jeſus-Chriſt, en laiſſant en vigueur une Doctrine convaincue contradictoirement d'être héréti-que, & déclarée telle par deux Papes ; ſans publicité, j'en conviens ; mais qui étoient déterminés à faire cette déclaration dans la forme la plus authentique & la plus ſolem-nelle ; & en laiſſant répandre & s'étendre dans tout l'univers cette meme doctrine, d'autant plus pernicieuſe que les conſéquences qui en réſultent ſont néceſſaires. Les diſciples de S.

Thomas qui avoient formellement dénoncé au Pape, on peut même dire au monde entier, la doctrine de Molina, comme hérétique, comment auroient-ils abandonné celle du Docteur Angélique, leur Maître, & se feroient-ils laissés attacher au char de triomphe de la Société, sans avouer, au moins implicitement, que leurs Peres Lemos, Alvarès, &c. qui ont paru avec tant d'éclat, & qui ont si fort tonné dans les susdites Congrégations, ont été, sinon des calomniateurs, au moins des aveugles, & sans faire entendre qu'ils ont été vaincus? Comment pourroient-ils souffrir après avoir fait d'abord le personnage d'accusateurs, de se voir ensuite traités eux-mêmes d'hérétiques dans des écrits publics, sans avoir à la fin reconnu qu'ils avoient tort? Voilà tout ce que le moindre des Jésuites pouvoit répondre à l'Auteur des Réflexions; d'où je conclus qu'il a été mal conseillé de toucher cette corde. Il raconte dans la même Réflexion une aventure qui lui est arrivée, & le beau mot que lui dit un Sécretaire de la Propagande, qu'il avoit entre les mains de quoi faire périr les Jésuites, mais qu'il n'en parloit point au Pape, de peur que ces Peres ne le persécutassent. L'Auteur pouvoit épargner cette réponse de M. le Secrétaire; elle ne fait pas plus d'honneur à celui-ci qu'aux Papes. Je dis qu'elle fait peu d'honneur aux Papes, parce qu'elle porte à croire qu'ils n'aiment point à sçavoir la vérité, ni ce qui nuit aux choses les plus importantes, dont ils sont spécialement chargés, comme est la propagation de la Foi; & que s'ils viennent à les sçavoir, ils ne veu-

fent point faire juftice , & trahiffent la caufe
de Dieu pour obliger quatre petits Freres,
ou pour ne fe point expofer à quelque in-
quiétude & à quelque dégoût, pendant que
Jefus-Chrift qui eft leur Maître, ne leur a
laiffé pour héritage que les perfécutions &
les travaux, lorfqu'il leur a dit qu'il les en-
voyoit comme des agneaux au milieu des
loups. La même réponfe fait pareillement
peu d'honneur au Prélat Secrétaire ; puifqu'elle le déclare mercenaire, & un ferviteur
infidele qui, par ambition ou par intérêt ,
laiffe ravager le troupeau du Seigneur. Saint
Profper d'Aquitaine, ce grand défenfeur de
Saint Auguftin & de la Grace de Jefus-Chrift
avoit une Théologie bien différente, lorfqu'il
dit en écrivant au faint Docteur de la Grace :
Je me croirois criminel fi je ne déferois pas au
Défenfeur fpécial de la Foi , ce que je crois être
très-pernicieux. Or je ne vois point qu'il y
ait d'autre Avocat, ni d'autre Défenfeur de
la Foi, que le Pape, de qui l'on puiffe dire
qu'il en eft le Défenfeur *fpécial.* L'Auteur des
Réflexions a bien fait de ne point dire le nom
de ce Prélat Sécretaire ; & je ne crois pas
qu'on puiffe le deviner, même par conjecture ; il y en a plufieurs qui ont occupé cette
place depuis le temps où s'eft paffé ce que
l'on raconte, & qui ont pu tenir le même
langage. Le fait du Viceroi du Perou, que
le même rapporte à la page 96 , eft vrai dans
fa fubftance ; mais il eft différent dans une
circonftance ; c'eft que cet innocent, qui avoit
encouru la difgrace des Jéfuites, & qui fut
impitoyablement condamné à mort par les
motifs, & de la maniere que l'Ecrivain le re-

marque, étoit bien une perfonne qualifiée, & qui occupoit un pofte confidérable ; mais ce n'étoit pas le Viceroi. (*Voyez l'Appendix, page 5.*)

Entre les livres où l'on pefe avec la balance du Sanctuaire le bien que les Jéfuites fe vantent fi hautement de faire, & dont ils fe glorifient par-tout, & que l'Auteur cite en général, page 97, fans rapporter le titre d'aucun, il pouvoit du moins citer le célèbre *Problême*, qui a paru depuis peu de temps en deux volumes, & dans lequel on examine *qui des Jéfuites, ou de Luther & de Calvin, ont le plus nui à l'Eglife Chrétienne.* Avec quelle hardieffe cependant les premiers ne fe vantent-ils point d'avoir combattu ceux-ci, de les avoir vaincus & opprimés ? On fçait que pour annoncer extérieurement ces victoires, ils ont ofé faire mettre dans l'Eglife de S. Pierre au Vatican, entre les Statues des fondateurs d'Ordres, celle de Saint Ignace tenant l'héréfie fous fes pieds. Mais j'ai auffi entendu dire à plufieurs, que le fculpteur auroit mieux fait de copier de nouveau la ftatue de Saint Jean de Dieu, dans l'attitude où il reçut un malade qu'on lui préfentoit, de placer l'héréfie à côté de Saint Ignace, de la repréfenter de la même mamaniere, & de la couvrir de fon grand manteau ; puifque le Cardinal Contarini dit, en parlant des Jéfuites, dans fon livre de la *prédeftination*, qu'il y a une efpèce d'hommes qui veulent paffer pour ennemis des Luthériens, qui, *eux-mêmes de Catholiques deviennent Pélagiens,* parce qu'en voulant établir le libre-arbitre, ils dépriment la grace de Dieu.

Dieu. Je n'ignore pas au reſte que les Jéſuites ont eu aſſez de crédit pour faire défendre
le *probleme* que je viens de citer, (*a*) ſur quoi
je ne ſuis pas aſſez hardi que de parler ; mais
il eſt pourtant vrai que je ne puis comprendre comment il ſe peut faire que l'on ferme
les yeux ſur tant de délits notoires & très-
grave, dont on accuſe les Jéſuites dans ce livre. Rome ne voit point que ces bons Peres
ſe font un jeu de ces ſortes de défenſes.

A la page 102, l'Auteur des Réflexions a
fait auſſi une omiſſion conſidérable, en parlant des procès que les Jéſuites ont faits dans
le Tonquin aux Capucins. Il a paſſé ſous
ſilence ce qui eſt arrivé au Tibet. Par des
troubles ſemblables, & en faiſant valoir de
même les plus étranges prétentions contre les
Franciſcains, les Benits Peres ſont venus à
bout d'anéantir & d'éteindre preſque entierement cette Miſſion, où regnoit auparavant
la plus grande tranquilité, où les ſuccès n'é-
toient point équivoques, & où il y avoit lieu
d'en attendre d'autres d'autant plus conſidérables, que le grand Lama avoit entrepris
d'examiner la Doctrine Chrétienne, que le
P. Giovacchini, Capucin de ladite Miſſion,
avoit dans cette vue traduite dans la langue
du pays ; deſtruction qui ne ſeroit point arrivée, ſi les Jéſuites ne fuſſent pas venus à
la traverſe, & qu'on n'eut pas vexé les pauvres Capucins.

(*a*) Voyez l'Addition au *Problême*, où l'Auteur
répond au Bref que les Jéſuites ont obtenu contre
cet ouvrage. Le Bref ou Decret eſt du 17 Mai 1758.

E

Je trouve une autre omiſſion capitale à la page 105, où l'Auteur parle de l'entêtement du Pere Berruyer pour ſes erreurs impies, & avec lui l'obſtination de toute la Compagnie. Il prouve très-bien ce fait ; mais il en omet trois eſſentiels pour le but qu'il s'étoit propoſé : en quoi il eſt cependant excuſable, parce que ces faits étant très-récens quand il a écrit ſa letrre, on n'en avoit point encore connoiſſance à Lisbonne. Le premier de ces faits eſt, que depuis les deux Brefs qui ont condamné l'ouvrage du Pere Berruyer, les Jéſuites ont entrepris de le faire réimprimer à Naples, traduit en Italien, & que dans l'approbation que l'un d'eux a donnée pour cet ouvrage, il atteſte qu'il ne contient rien qui ſoit contraire ni à la foi, ni aux bonnes mœurs. (Je m'imagine que par la *foi*, il n'entend pas la Foi Catholique, mais celle des Jéſuites.) Voici cette approbation.

» TRÉS-EMINENTISSIME SEIGNEUR.

„ Obéiſſant aux ordres de Votre Eminence, „ j'ai lu un livre intitulé : *L'Hiſtoire du Peuple* „ *de Dieu ;* & je n'y ai rien remarqué qui ſoit „ contraire à la foi & aux bonnes mœurs. „ C'eſt pourquoi je juge qu'on peut l'impri- „ mer. A Naples le 6 Septembre 1757. Votre „ très-humble, très-dévoué, & très-obéiſſant „ ſerviteur, JEAN-BAPTISTE PEDRINELLI, „ de la Compagnie de Jéſus. „

L'impreſſion étant vers ſa fin, & la connoiſſance en étant parvenue aux Miniſtres du Roi, ils commencerent par faire ſuſpendre cette édition, enfuite en ayant informé l'Archevêque, ce Prélat l'a fupprimée & défendue; ce qui a donné lieu à un procès, parce que l'Imprimeur a prétendu qu'on le rembourfât des dépenfes qu'il avoit déjà faites. Sa demande fut examinée ; on trouva que toute la faute venoit de l'Approbateur ; & les Jéfuites furent condamnés à payer plufieurs centaines de ducats. Mais quoi ? Les volumes font reftés entre les mains des Jéfuites , qui feront achever furtivement l'édition, Dieu fçait où ; la vendront plus cherement à leurs dévots , & la répandront dans toute l'Italie ; & quand toute l'Eglife Catholique fera imbue des héréfies dont ce livre eft rempli, on voudra remédier au mal , & on ne le pourra. Nous en pleurerons , nous en gémirons, nous nous plaindrons avec amertume, & tout cela inutilement, & ce fera encore pis dans la vie future, *où il y a des pleurs & des grincemens de dents* , auxquels nous ferons condamnés, pour n'avoir pas remédié au mal dès fon commencement. Il ne fuffit pas en effet de donner des Arréts féveres contre le vol & la rapine, & enfuite ne point faire la recherche des voleurs, ne les point emprifonner, mais au contraire , les foutenir, les défendre, les careffer, les récompenfer & les élever. Le deuxiéme fait eft, qu'il nous eft venu de France un livre, où l'on prouve l'obftination du Pere Berruyer & fes Confreres, à foutenir les erreurs monftrueufes & impies, & les héréfies qui fourmillent dans fes écrits; obftination qui eft démontrée de plus, & avec la derniere évidence, dans une nouvelle défenfe qu'ils ont donnée à Nancy, en deux volumes, depuis que l'Eglise, par la bouche de deux Papes, a prononcé sur ce sujet, en condamnant solemnellement lesdits ouvrages; laquelle défense fait ces deux Papes formellement hérétiques. Mais cette défense elle-même a été pareillement condamnée par un Décret très-sévere du Saint Office, avec une lettre Françoise, séditieuse & pleine d'artifice, intitulée: *Lettre à un Docteur de Sorbonne au sujet de la dénonciation & de l'examen des ouvrages du Pere Berruyer*, 1759; dans laquelle les Jésuites s'efforcent d'arrêter la Sorbonne dans la censure qu'elle s'est proposée de faire desdits ouvrages. Cependant les Jésuites, qui sont si ardens pour être distinctement honorés, vont, autant qu'ils peuvent, en avant, & se servent de ces écrits pour chauffer plus gaiement le vase où ils font leur chocolat. Qu'est-ce que le public pense d'une conduite qui paroît si contradictoire? Je ne le sçais pas.

Voici le troisiéme fait. Il est sorti encore, ces mêmes jours-ci, des presses de France, l'*Apocalypse* du même Pere Berruyer. Il est vrai que je ne l'ai pas vu de mes propres yeux; ainsi, cher ami, l'idée que je veux vous en donner, vous ne la prendrez que pour ce qu'elle vaut. J'ai vu, & très-bien, & de mes propres yeux, une lettre dudit Pere Berruyer, & je sçai celui qui l'a entre les mains, & qui la garde avec soin; c'est une réponse à un Imprimeur de Hollande, qui avoit demandé audit Pere l'ouvrage en question sur l'Apocalypse, se doutant bien qu'il l'avoit fait pour compléter ses Métamorphoses du Nouveau Testament. Le Révérend Pere lui répond, qu'il n'avoit pas jugé à propos de perdre son temps & de fatiguer sa tête *à de pareilles rêveries* ; & qu'ainsi, jusques-là il n'avoit pas voulu y penser. Peut-on, sans horreur, entendre parler avec tant de mépris du Disciple bien-aimé de Jesus-Christ, ou plutôt du Saint-Esprit lui-même, qui a conduit sa plume, & qui l'a éclairé de ses lumieres ? Mais un Jésuite est au-dessus de tout, & tout lui est permis.

L'Auteur des Réflexions fait encore une omission, page 106. Il y parle de la Doctrine d'un assez grand nombre de Jésuites, tous célébres, qui établissent, avec quelques conditions, que l'on peut ôter la vie aux Souverains, sans commettre même aucune faute, & ensuite il rapporte les cas où cette doctrine a été réellement mise en pratique. Mais de tous ces Auteurs, il ne nomme que Busembaum. Je lui passe cependant cette omission: beaucoup d'autres Ecrivains ont donné d'amples listes de ces Auteurs, & en ont rapporté les passages & les propres paroles. Il suffit d'ailleurs de ceux que le Roi très-fidele a nommés dans sa lettre au Primat de Portugal, de lire un Livre françois intitulé : *Les Jésuites criminels de leze-Majesté dans la théorie & dans la pratique. A la Haye, 1758,* & un autre petit écrit qui a pour titre : *Motifs des événemens de Portugal. Ouvrage adressé à toutes les Puissances séculieres & temporelles, &c. A Avignon, aux dépens de la Société. 1759.* Mais lorsqu'il vient à faire l'énumération des cas ou de la théorie, on est passé à la pratique, où cette étrange Théologie a été réellement & de fait suivie dans l'exé-

E iij

cution ; il ne marque, encore comme en paſſant, que quatre de ces cas, qu'il ſuppoſe
connus, comme ils le ſont en effet par preſque toutes les hiſtoires des temps où ces cas
ſont arrivés, où ceux-ci ſont détaillés. Il en
a paſſé ſous ſilence beaucoup d'autres, qui
ne ſont point omis dans les deux Livres que
je viens de citer. Tous ces faits prouvent que
la doctrine qui y eſt expoſée a été celle des
Jéſuites, depuis leur inſtitution, puiſqu'on la
voit enſeignée par Salmeron, qui a été un
des Compagnons de S. Ignace, & qu'elle
l'eſt encore, puiſqu'on peut la ſuivre depuis
Salmeron juſqu'au Pere Zacchéria, qui vit
encore, glorieux & triomphant des marques
de mépris qu'il affecte de donner aux perſonnages les plus éclairées & les plus ſçavans de
ce ſiécle, même aux plus pieux, & dont il
remplit ſon Hiſtoire Littéraire, ouvrage qui
ſera à jamais déteſté. Je ne veux point quitter cet article, ſans vous avertir d'une mépriſe où notre Auteur eſt tombé, à la page
89 de cette onziéme Réflexion que j'examine.
Quoiqu'elle ſoit de peu d'importance, puiſque j'ai entrepris l'examen de ces Réflexions,
je crois que je manquerois à mon devoir ſi je
n'en faiſois pas l'obſervation, d'autant plus
d'ailleurs qu'il s'agit de défendre le Pere La-
gomarſini, que notre Auteur a repris ſans
ſujet. Il n'eſt pas vrai que ce Leſellio, auteur de pluſieurs ſatyres très-connues, fut
un *Cavalier des plus diſtingués de la Ville de
Florence.* C'étoit, à la vérité, un homme de
grand talent ; mais quand le Pere Lagomar-
ſini dit qu'il étoit de l'ordre du peuple, il a
ſeulement voulu dire, qu'il n'étoit pas Pa-
tricien.

XII. REFLEXION.

„Le décri & le dommage s'étend fur tout
„l'Ordre.„

Il s'agit ici de deux chofes, de la réputation de la Société, & du tort qu'elle en fouffre. Le Pere Général (a l'affliction duquel
je compatis de tout mon cœur,) voudroit,
comme on dit, fauver la chêvre & les choux;
& cela eft d'autant plus difficile, qu'il eft
impoffible qu'un Religieux intéreffé paffe
pour Saint. Notre Auteur ne touche que très-
légerement ces deux points; le premier fur-
tout, qui eft le plus important, & fur lequel
il pouvoit s'étendre bien davantage. Il fe
trompe même dans le peu qu'il en dit, ou
du moins il ne paroît pas s'expliquer bien. Il
fonde le décri de la Société fur la multitude
des écrits que l'on a faits contr'elle. Cela
n'eft pas jufte : le décri ne vient pas plus de
cette part, que la bonne réputation ne confifte dans les ouvrages remplis d'éloges & de
panégyriques. Et en effet, les Jéfuites, qui
ne font pas fots, ne vont point s'inquiéter
avec excès de chaque écrit que l'on publie
contr'eux. Au contraire, ils font les premiers
à s'en pourvoir. Il y a quelques années qu'é-
tant venu à Rome, & étant allé voir la Bibliothéque du Collége Romain, un de ces
peres me montra une chambre, contigue à
ladite Bibliotheque; & il me dit en riant, &
en fe glorifiant en quelque forte de ce qu'il
me difoit, qu'elle ne contenoit que des écrits

faits contre fa Compagnie. Et en effet, le Pere Lazzari, homme très-fçavant, qui eft préfentement chargé de cette Bibliothéque, eft convenu avec un marchand Libraire, qu'il auroit foin de lui faire parvenir tous les ouvrages de cette nature qui feroient imprimés contre la Société, de quelque main qu'ils partent. A propos de quoi, je veux vous raconter un fait digne de remarque. Le Libraire en queftion ayant eu un exemplaire des trois tomes de l'ouvrage du Pere Norbert, fameux Capucin, fe hâta de les porter au Pere Lazzari, qui les acheta volontiers. Mais ce Bibliothécaire les ayant montré enfuite aux anciens du Collége, ceux-ci allerent promptement, d'un air très-affligé, fe plaindre à Benoît XIV, en lui difant que le Maître du facré Palais laiffoit venir à Rome tous les Livres qui déshonoroient la Société; qu'il permettoit aux Libraires de les vendre publiquement, & que Rome en étoit remplie. Le Pape manda le Maître du facré Palais, & lui fit une forte réprimande : mais celui ci répondit qu'il n'avoit point donné de permiffion d introduire ce Livre à Rome; qu'il ignoroit qu'on l'eût vendu, & qu'il feroit fur cela les perquifitions requifes. Il vit le Libraire, qui lui raconta ce qui s'étoit paffé, & fe plaignit du procedé des Jéfuites. Le Libraire alla trouver auffi le Pere Lazzari, à qui il fit les mêmes plaintes : en conféquence, le Jéfuite voulant fe tirer de ce pas avec honneur, écrivit un billet audit. Libraire, dans lequel il certifioit l'ordre qu'il lui avoit donné de lui fournir tous les Livres de cette nature. Le Pape vit ce billet, & reconnut que le Maî-

tre du facré Palais & le Libraire étoient innocens ; mais cet événement n'augmenta pas
dans l'efprit du S. Pere fon eftime pour la
Société. Je reviens à la propofition que j'ai
avancée, que le crédit ou le difcrédit de la
Compagnie ne dépend point des Livres en
queftion ; & je vais vous le prouver clairement en peu de mots. Jamais on n'a compofé de Livres qui contiennent autant d'exa-
gérations, d'éloges outrés, d'hyperboles en-
flées, de panégyriques exceffifs, que le gros
volume écrit en latin, qui a pour titre:
Image du premier fiécle de la Société, & les
volumes fi multipliés de l'hiftoire de cette
Compagnie. Ces ouvrages cependant, au lieu
d'acquérir du crédit à la Société, l'ont fait
moquer & méprifer, & eux-mêmes l'ont bien
fenti. Quand on canonifa faint Ignace &
faint François Xavier, il y eut des fêtes pom-
peufes à Bruxelles, dont on imprima une
defcription, avec ce titre : *Triomphe des SS.*
Ignace & Xavier mis au nombr des Saints,
&c. *A Bruxelles, chez Jean Pepermann, in-8°.*
fans indication de l'année de l'impreffion ;
mais avec une approbation qui eft de l'an
1622. Or les éloges magnifiques, que l'on
diftribue à pleines mains dans ce Livre, &
beaucoup plus encore à la Société qu'aux
Saints qui en devoient être l'objet principal,
que produifirent-ils ? Ceux qui lurent cette
defcription, loin de fe fentir plus d'eftime
pour la Compagnie, fe fouleverent contre
ce qu'ils y virent fe moquerent de la Société,
& ce qu'elle penfoit avoir fait pour fa propre
gloire, ne fervit qu'à la faire méprifer. Je ne
veux vous en rapporter que les lignes fui-

vantes ; je les tire de la page 65. L'Auteur
y dit clairement, qu'on ne peut nier : » que
»la Société n'ait enrichi le Ciel des athletes
» les plus fortunés ; (*un autre auroit dit les
»plus puiffans*)la terre, des hommes les plus
» fçavans ; qu'elle n'ait fait briller le Firma-
» ment par fes écrits, comme autant d'étoi-
» les ; qu'elle n'ait rappellé, pour l'avantage
» du monde, l'érudition exilée de deffus la
» terre ; qu'elle n'ait chaffé au loin la barbarie;
» qu'elle n'ait enfeigné avec éclat la Théo-
» logie, la Philofophie, toutes les Lettres
» humaines, donnant ainfi le dernier coup à
» l'ignorance, rappellant toutes les fciences
» du tombeau où une ignorance ancienne les
» tenoit enfevelies ; rappellant à la vie, dans
» l'Orient, dans l'Occident, dans le monde
» entier, tant de génies qui n'avoient plus de
» vie, & dont la réfurrection paroiffoit défef-
» pérée ; & faifant rentrer dans le tombeau
» ceux qui vieilliffoient dans une ignorante &
» honteufe oifiveté : on ne peut nier que la
» Société, en répandant partout le germe &
» la femence de la véritable érudition, n'ait
» donné la fécondité à tous les Ordres Reli-
» gieux, à toutes les Républiques, aux Royau-
» mes, aux Empires, à prefque toutes les
» Villes ; qu'elle n'ait tout orné par la varié-
» té & la multip icité de fa fcience, comme
» autant de perles brillantes du plus grand
» éclat ; & que ceux qui, avant elle, avoient
» prefqu'ignoré jufqu'au nom des Lettres,
» n'ay nt appris à connoître, à admirer & à
» cultiver toute efpece de Littérature. « Voilà
un léger crayon de ce que l'Auteur trace dans
fa defcription ; je n'en rapporte pas davan-

rage ; ce qui fuit me dégoûte trop pour le répéter ; comme, par exemple, la faftidieufe énumération qu'il fait des Ecrivains de fa Société, de leurs Livres, de leurs Ouvrages, *que très-peu, dit-il, ofent imiter ; que perfonne peut-être, n'efpere d'égaler ; qu'aucun, peut-être, ne peut atteindre.* Que croyez-vous, cher ami, que cette orgueilleufe forfanterie, cette vaine gloire fi inouie, ait augmenté le luftre de la Société, ou qu'elle l'ait rabaiffé ? chofe étonnante ! qu'on ne puiffe louer les Jéfuites, fans les élever jufqu'au Ciel, & fans rabbaiffer en même temps tout le refte des hommes jufqu'au centre de la terre ! Si vous jugiez en conféquence des paroles que je viens de vous rapporter, il faudroit dire qu'avant les Jéfuites, felon leurs manieres de penfer, il ne s'eft trouvé perfonne dans aucun Royaume, foit en Orient, foit en Occident, dans aucun Ordre régulier, dans aucun coin de la terre, qui ait été plus inftruit qu'un bœuf. Au contraire, les écrits, fans nombre, qu'ils ont femés partout, contre MM Arnaud, Pafcal, Nicole, S. Cyran, le Pere Concina & tant d'autres, loin de deshonorer ces grands hommes, n'ont fait qu'augmenter leur prix & l'eftime qui leur eft due. Le décri, & il en eft de même de la bonne renommée, fe forme infenfiblement comme la couleur rembrunie fur le vifage de celui qui marche long-temps au Soleil. La vérité connue de la multitude fait le même effet ; les actions vraies & certaines forment les juftes caracteres des perfonnes ; fi ces actions font bonnes, on en conclut un bon caractere ; on l'eftime : fi elles font mauvaifes, on n'obtient que le

E vij.

mépris. Que les Ecrivains aboyent tant qu'ils voudront; le seul vrai moyen d'avoir la réputation d'honnête homme, c'est de l'être en effet; tout le reste ne sont que des flammêches, qui ne font pas même le plus petit pétillement. Que l'Auteur ne croie donc pas que, par ses réflexions, il ait pu tant soit peu dénigrer la réputation des Jésuites, malgré même la politesse de son style; pas plus que les autres qui sçavent aussi bien écrire que lui; mais ce qui leur fait tort, ce sont les actes qu'il produit, les faits qu'il rapporte, la vérité de ces faits, leur évidence, leur notoriété; voilà ce qui peut donner de l'ombre, & une ombre noire & épaisse, aux bénits Peres. Peut-être, au surplus, que notre Auteur n'a voulu parler que d'un crédit & d'un discrédit apparent; si telle a été son intention, il a tort; alors ce qu'il assure avec trop de franchise, n'est pas vrai; sçavoir, qu'il y a près de deux cent ans que la Compagnie a perdu son crédit; car on ne peut pas dire qu'elle l'a perdu, pendant que tous ses membres, à l'exception d'un très-petit nombre, se voyent encore en bon prédicament, estimés, respectés même, & aimés de cœur, par les ignorans, les sots, les hommes esclaves des préjugés, ce qui fait assurément le très-grand-nombre; ou en apparence & sans que le cœur y ait de part, comme le font les hommes sans sincérité, ou malins, dont le nombre est aussi très-grand. Il est vrai que ce n'est là qu'un fantôme de crédit, que ce n'est point un crédit réel, & que, semblable à un habit vieux & usé, il faut toujours le raccommoder; ou qu'il est comme une barque, à moitié ouverte, qui fait eau, & qu'il faut calfeutrer partout; ou qui eſt pire encore ſi lorſqu'on vient a en boucher un trou d'un côté, on en découvre un ſecond ou même deux d'un autre côté. Tel a toujours été le crédit des Jéſuites. Mais quand une maiſon ne ſe ſoutient qu'à force d'étaies, il ne faut pas tant s'étonner, tant ſe lamenter, ſi à la fin elle vient à tomber tout-à-fait.

L'Auteur touche dans ſes Réflexions l'article du vol, qui eſt le principal étay de cet édifice qui n'a rien eu de comparable depuis l'origine du monde; & celui de la calomnie, que la Société ſçait ſi bien employer, en ſe ſervant de la regle d'or donnée par l'incomparable Pere Berruyer, & que vous pouvez voir à la page 102 des Réflexions. Mais notre Auteur n'en rapporte aucun exemple. Il auroit dû citer du moins le huitiéme tome de la Morale-Pratique, où l'on en donne un recueil abondant, ſi on le conſidere en lui-même, mais encore trop maigre ſi l'on fait attention à la multitude des autres exemples que les Jéſuites ont fournis depuis ce nombre d'années qui s'eſt paſſé depuis la publication dudit huitiéme volume, juſques aujourd'hui. Mais il ſuffit de rapporter, pour tout exemple, l'atroce calomnie de l'aſſemblée de Bourg-Fontaine, tant rebattue depuis cent ans, toujours réfutée, cependant reproduite encore de nos jours dans les deux volumes, dont j'ai déja fait mention, intitulés: *La Réalité de l'aſſemblée de Bourg-Fontaine*; & de nouveau refutée, détruite, anéantie dans les huit vigoureuſes lettres qu'on y a oppoſées, & qui ſeroient capables de faire rougir le plus grand

fripon qui ait jamais été, & qui puisse jamais
être. Il faut ajouter que les deux volumes du
Roman ont été brûlés par la main du bourreau, le samdi 22 Avril 1758. Les calomnies
inventées depuis que le Bref de réforme de
la Compagnie, adressé au Cardinal de Saldanha, a été rendu public, surpassent encore
de beaucoup, selon moi, toutes les autres
calomnies que les bénits Peres, calomniateurs
de profession, ont répandues depuis deux
cent ans. Si l'on en considere la gravité, le
haut rang & la dignité de ceux qu'elles ont
pour objet, la vaste étendue des lieux où on
les a semées, & l'impudente & évidente fausseté qu'elles contiennent.

L'Auteur des Réflexions explique très-bien,
& avec beaucoup de vérité, & pese aussi, avec
la plus grande exactitude, le tort considérable
qu'ont causé à la Société la visite & la réforme
ordonnées par le Bref du Pape, qui ont donné
lieu de chasser les Jésuites du Portugal, &
de tous les domaines qui en dépendent, qui
étoient pour eux cette Terre promise, dont
ils pouvoient bien dire que c'étoit une Terre
Sainte, *où couloit le lait & le miel.* Mais il
s'exprime mal, quand il veut, (pag. 122.)
que les Jésuites s'avouent eux-mêmes criminels, pour avoir voulu enlever à deux Monarques des Provinces entieres, & pris les armes pour soutenir leurs usurpations. Je demande pardon à l'Auteur si je lui replique
qu'il ne sçait ce qu'il dit, & que c'est à tort
qu'il accuse les Jésuites d'imprudence. Non:
ces bénits Peres ne font pas capables d'un tel
péché, quand il s'agit de leurs intérêts. Ils
s'étoient rendus maîtres, en employant toute

l'adreſſe qui étoit néceſſaire, d'un pays plus vaſte que pluſieurs Royaumes de l'Europe ; ils en jouiſſoient dans une ſainte paix ; chaque jour ils le voyoient augmenter en forces, en richeſſes, & en habitans ; & cependant ils méditoient le ſyſtême ou projet qu'ils avoient ſi prudemment arrêté, de ſe rendre les maîtres de l'Amérique. Et l'on voit qu'ils n'en étoient pas éloignés, puiſque depuis pluſieurs années ils réſiſtent fortement, & qu'ils oppoſent guerre à guerre, aux armées des deux Monarques qui ſont les légitimes poſſeſſeurs. Qu'ils ſe fuſſent fortifiés encore un peu plus, non-ſeulement on les auroit vus défendre avec vigueur ce qu'ils ont uſurpé, ils auroient même été en état de chaſſer les Portugais & les Eſpagnols des poſſeſſions que ces deux Peuples ont dans ces contrées. Mais il eſt arrivé un événement que Belzebuth lui-même n'auroit pas prévû ; ainſi il n'eſt pas étonnant que toute la fineſſe & la pénétration jéſuitique n'ait pu le prévoir. Cet événement eſt l'accord & l'échange ſi connus, cimentés entre les deux Couronnes, au ſujet de ce qu'elles ont dans ces pays Cet événement, très-diſgracieux pour les Jéſuites, a découvert toutes leurs intrigues, & n'a pas laiſſé finir la Comédie, ou plutôt la Tragédie qu'ils vouloient jouer. Je ſçais bien que ces Peres, à qui il ne coûte rien de nier les faits les plus évidens, comme une expérience preſque journaliere le démontre ; je ſçais bien qu'ils diront, que tout ce que je viens de rapporter eſt faux, que c'eſt un ſonge que j'ai pris dans mon imagination ; je ſçais encore que leurs dévots le répeteront après eux, & qu'ils penſeront mê-

me que tout ceci n'a été imaginé qu'après
coup, & dans la vue de foutenir l'entreprife
du Roi de Portugal. Mais je laiſſe là les Jéſuites; ce feroit folie de leur répondre; ils font
eux-mêmes très-aſſurés, très-certains, &
très-perſuadés de la vérité de ce que je dis; ils
la ſçavent de bon endroit. Je veux ſeulement
m'adreſſer à leurs aveugles partiſans, & fup-
pléant à ce que l'Auteur des Réflexions auroit
dû faire, je veux leur dire : Je conſens de
vous accorder, que le récit que vous venez
d'entendre eſt une fable inventée pour juſti-
fier ce qui s'eſt paſſé dans ces dernieres années en Portugal, ſi cette prétendue fable n'a
été controuvée elle-même que cette même
année, ou l'année derniere : mais il y a au
moins 50 ans qu'on la débite, & qu'on la lit
imprimée, dans un temps où il n'y avoit pas
même l'ombre des bruits qui viennent de ſe
faire entendre; dans un temps où les Jéſuites
étoient tout-puiſſans en Portugal & en Eſpagne. Entre les preuves qu'il me ſeroit ſi facile
de vous en apporter, je me contenterai de
vous rappeller ce qu'on lit dans le deuxiéme
tome des Voyages de M. Frezier, où cet ha-
bile homme, parlant des Jéſuites du Paraguai, s'exprime ainſi : « Ces Miſſions font
» devenues une puiſſante Souveraineté dans
» les In es Eſpagnoles, &c. Les Miſſionnai-
» res y marient de bonne heure les Indiens,
» pour augmenter plus promptement la po-
» pulation, &c. Ces Miſſions font partagées
» préſentement en quarante deux Paroiſſes,
» éloignées de dix lieues l'une de l'autre, &
» s'étendent le long de la riviere du Paraguaï.
» Dans chaque Paroiſſe, il y a un Jéſuite qui

,, gouverne son peuple en Souverain , & il n'y
,, a jamais eu de peuple plus soumis. Dans
,, toutes les Paroisses , c'est la même forme de
,, gouvernement. Ces Indiens joignent à cette
,, excessive soumission le désintéressement le
,, plus extraordinaire ; les Jésuites se sont ap-
,, pliqués à le leur inculquer , & à le leur faire
,, goûter , &c. Tout le produit des travaux de
,, ces Indiens si soumis tourne au profit de ces
,, bons Peres. Ils ont à cet effet de vastes ma-
,, gasins dans chaque Paroisse , & les Indiens
,, sont obligés d'y porter tout ce qu'ils re-
,, cueillent , toutes les étoffes qu'ils fabriquent
,, pour leur usage , & généralement tout ce
,, qu'ils ont , sans rien excepter , jusqu'aux
,, volailles qu'ils élevent dans leurs habita-
,, tions On ne peut s'imaginer jusqu'où monte
,, le profit que ces Religieux souverains tirent
,, des manufactures & du travail de cette na-
,, tion ; & , en particulier , le gain qu'ils font
,, sur l'herbe du Paraguai, qui ne croît que
,, dans ces Missions , & que l'on prend à peu
,, près comme le thé. On tient que ce com-
,, merce seul passe un million de piastres par
,, an. Les Jésuites y gagnent, clair & net, la
,, moitié : cela joint aux autres marchandises
,, qu'ils vendent à un égal profit , & à la pou-
,, dre d'or que leurs humbles sujets vont cher-
,, cher dans le temps des inondations des ri-
,, vieres , après que les eaux se sont retirées,
,, jugez s'il y a aucun Souverain qui fasse de
,, pareils gains. Toutes ces marchandises &
,, autres denrées sont transportées des Missions
,, à Santa-Fé , qui est le magasin d'entrepôt,
,, où il y a un Procureur Général de la Com-
,, pagnie ; & de Santa-Fé , elles sont transf-

,, portées par eau à Buenos-Aires, où est un
,, autre Procureur Général ; & de ces deux
,, entrepôts que je viens de nommer, ces deux
,, Peres les distribuent dans les trois Provinces
,, de Tuqueman, du Paraguai, & de Buenos-
,, Aires, & dans les Royaumes de Chili, du
,, Pérou, &c. Chaque Paroisse doit avoir un
,, nombre fixe de soldats disciplinés, & divi-
,, sés en Régimens d'Infanterie & de Cava-
,, lerie, selon les forces de chacune. Chaque
,, Régiment est composé de six Compagnies,
,, &c. Toutes ces Missions peuvent, dans l'es-
,, pace de huit jours, mettre sur pied soixante
,, mille hommes, &c. Cet établissement,
,, qu'on peut, à très-juste titre, qualifier de
,, Souveraineté, a commencé avec cinquante
,, familles d'Indiens errans, que les Jésuites
,, réunirent, & qu'ils fixerent sur les bords de
,, la riviere de Japsur, où elles se sont si fort
,, multipliées, qu'elles composent aujourd'hui
,, plus de trois cens mille familles, qui occu-
,, pent les meilleures terres, & les plus fer-
,, tiles du pays. ,, Que direz-vous maintenant,
vous autres adorateurs des Jésuites ? Sont-ce
là des impostures ? Sont-ce des mensonges ?
Il faut que vous avoüiez que ces imposteurs,
que ces faussaires ont été Prophetes, puisqu'il
y a si longtemps qu'ils ont prévu ce qui devoit
arriver de nos jours, & qu'ils ont construit
cette fable dans la vue de favoriser ceux que
l'on qualifie aujourd'hui d'ennemis dés Jésuites. Mais la vérité est que dès l'origine de
cette monstrueuse Société, tout ce qu'il y a
eu de personnages pieux, sçavans, prudens,
politiques, ont prédit ce qui est arrivé, & ce
que nous voyons arriver chaque jour. Si les

zélés partifans de la Société vouloient un peu, & avec un peu d'attention, réfléchir à toutes ces chofes, peut-être ouvriroient-ils les yeux, peut-être romproient-ils l'enchantement dont les impoftures des Jéfuites les ont fafciné ; & ceux-ci diroient au moins dans leur cœur : voilà en effet le but que nous avons eu ; tel eft le fyftéme que nous avions formé, & il faut avouer qu'il étoit bien dreffé. Je demande maintenant où eft la faute de ces pauvres Jéfuites ? En quoi ont-ils manqué, pour faire dire à l'Auteur des Réflexions, qu'ils ne doivent s'en prendre qu'à eux-mêmes ? Au refte, ils l'auroient bien réparée, cette faute, fi le 3 Septembre leurs arquebufes euffent tiré plus droit, ou fi toutes euffent été chargées. Le jeu d'ailleurs n'eft pas encore fini : & fi les deux Monarques, de Portugal & d'Efpagne, ne tiennent pas toujours leurs yeux bien ouverts, s'ils ne font pas toujours fur leurs gardes, il pourroit fe faire que ce qui n'eft pas arrivé, on le vit à la fin ; & qu'ils ne fiffent comme ces oifeaux qui, s'étant échappés de la glue, vont fe prendre dans les filets.

XIII. RÉFLEXION.

» Quoique la Compagnie ait en horreur » les crimes que l'on impute aux Peres de » Portugal. »

L'Auteur s'arrête beaucoup ici à compter cette multitude de Jéfuites coupables, que la Société n'a point punis ; qu'elle a au contraire récompensés & élevés ; & il en conclut qu'il est faux que la Société ait ces crimes en horreur. Mais cet argument cloche ; je dis plus, il ne prouve rien, puisqu'il suppose que ces Jésuites, qu'il met au rang des coupables, ont été regardés du même œil, & condamnés comme tels par la Société ; ce qui n'est pas vrai. Qu'il lise les Histoires d'Orlandin, de Sacchini, de Jouvancy, & d'autres semblables écrivains Ignatiens, & il les trouvera tous occupés à employer ce qu'il y a de plus subtil & de plus rafiné pour les disculper ; faire usage pour cela des précisions & des distinctions les plus abstraites & les plus métaphysiques ; taire avec adresse les differentes circonstances, ajouter, de leur chef, bien des choses qui alterent les faits, ou qui les travestissent, accommoder le tout à leur fantaisie, & de maniere qu'à la fin les plus grands criminels paroissent innocens, & purs comme des colombes, plusieurs même comme autant de Saints & de Martyrs, dignes d'être honorés sur nos autels. Il falloit donc que l'Auteur commençât par montrer la réalité & la vérité des crimes dont il les dit coupables ; qu'il renversât ensuite leur systéme de morale, qu'il traitât, avec le mépris qui est dû, l'artifice qui a si souvent conduit la plume des Ecrivains de l'histoire Jésuitique, & qui n'est pas ce qui a dû le moins coûter à ces infortunés Historiens, qui, pour venir à leur but, ont dû mettre souvent leur esprit à la gêne. On le voit clairement, lorsqu'il est question du dénoüement : car alors ils sont éternels, ils ne finissent jamais, ils se tournent & se retournent de tant de manieres, que lorsque l'on veut ensuite examiner tout ce qu'ils ont dit, il n'y a point de lecteur de bon esprit, qui, avec les seules lumieres naturelles & avec le seul sens commun, ne juge aussi-tôt que leurs récits ne sont qu'un vain babil, & que ces Jésuites criminels, pour la défense desquels ils se donnent tant la torture, ne sont dans le fond que de vrais criminels, & plus criminels encore qu'on ne les avoit supposés. L'Auteur devoit aussi prendre & examiner deux ou trois de ces défenses, & les faire voir pour ce qu'elles sont : cet examen auroit été aussi agréable qu'instructif. J'aurai peut-étre l'occasion d'inférer dans cette Lettre quelqu'un de ces examens. Je vous dirai, en attendant, comment les Jésuites se conduisent dans la punition des coupables. Mais afin que vous soyez persuadé, que ce ne sont point mes propres visions que je veux vous rapporter, je vais vous citer les propres paroles d'un ancien Jésuite, qui a eu beaucoup de réputation. C'est Mariana, qui, en traitant des défauts du gouvernement de la Société, fait, entre autres, cette remarque (ch. 14) „ Que quelqu'un soit seulement un peu hardi, dit-il, „ qu'il sçache user de quelque prétexte „ ou de quelque défaite, on en demeure là ; „ on n'ose aller plus loin. Je laisse à part les „ péchés fort griefs, dont je pourrois faire „ ici un long dénombrement, que l'on dissi- „ mule cependant, sous couleur que les preuves „ ne sont pas suffisantes, ou bien dans la crain- „ te d'éclater, qu'on ne soit entendu au de- „ hors, & que par-là on ne vienne à expo- „ ser à un plus grand jour ce qu'on veut re- „ tenir dans l'obscurité. Car il semble que „ tout notre gouvernement n'ait d'autre but

„ que d'enfevelir les fautes, & de jetter de la
„ terre deſſus, comme s'il pouvoit arriver que
„ le feu ne jettât pas quelque fumée. Si l'on
„ exerce quelque rigueur, c'eſt ſur quelque
„ miſérable diſgracié, qui n'a ni crédit ni pro-
„ tection : il y a de cela beaucoup d'exem-
„ ples. D'autres feront de grands maux ſans
„ qu'on s'aviſe de toucher ſeulement à leur
„ robbe. „ Et après s'être un peu étendu pour
démontrer qu'il ſeroit néceſſaire de châtier
les méchans, & de récompenſer les bons, il
ajoute : « C'eſt une choſe déplorable, & que
» Dieu permet, pour nos péchés, que l'on
» faſſe ſouvent tout le contraire de ce que l'on
» doit faire ; puiſque, parmi nous, les bons
» ſont affligés, qu'on les fait même *mourir*
» ſans ſujet, ou pour quelque cauſe très-
» légere, parce que l'on eſt aſſuré qu'ils ne
» parleront point, qu'ils ne réſiſteront point ;
» de quoi l'on pourroit apporter de très-
» déplorables exemples ; & qu'au contraire,
» on ſoutient les méchans, parce qu'on les
» redoute ; laquelle conduite eſt capable de
» faire que Dieu anéantiſſe la Compagnie. »
Mais le bon Pere Mariana ne ſçavoit pas que
ſes Confreres n'avoient pas des bons & des
méchans la même idée qu'il en avoit. Il appelloit bons les bons, & méchans les méchans. Mais il pouvoit ſe faire que ſes Supérieurs fuſſent de ceux qui nomment *le bien*,
mal, & *le mal*, *bien* ; (Iſaïe, ch. 5. v. 20.)
Ainſi leur ſyſtême s'accordoit avec Mariana
dans le principe, mais il en différoit dans
l'exécution. C'eſt pour cela que lorſque le
Pere Général dit qu'il a en horreur les crimes imputés aux Peres de Portugal, il a pu

vouloir dire qu'il abhorroit la rébellion & le commerce en général ; mais non ce que fes Religieux ont fait en particulier dans le Paraguai & en Portugal ; qu'il ne peut le regarder ni comme péché, ni comme révolte, quand fes chofes fe font pour l'avantage de la Société, & pour la plus grande gloire de Dieu.

XIV. RÉFLEXION.

» Et fingulierement tout ce qui peut offen-
» fer les Supérieurs Eccléfiaftiques & Sécu-
» liers. »

L'Auteur s'eft trop refferré dans cette Réflexion. Il eft vrai qu'à l'occafion de la hardieffe avec laquelle le Général fe vante, en parlant au Pape même, que fa Compagnie a fingulierement en horreur tout ce qui peut offenfer les Supérieurs Eccléfiaftiques & Séculiers, il dit : qu'il faudroit tranfcrire des volumes entiers, fi l'on vouloit détailler les impertinences, les injures, les calomnies des Jéfuites contre les Papes, les Souverains, tout l'Ordre Epifcopal, & contre une infinité de gens de bien ; que ce feroit même un travail de nommer feulement les Prélats contre lefquels ces Peres fe font élevés avec indécence, & qu'ils ont cruellement perfécutés. Mais il devoit faire obferver le mépris avec lequel le Général a traité le Pape actuel par la préfentation même de fon Mémorial. Avoir, en effet, l'audace de dire au

Pape ce qu'il dit dans ces écrits, c'est la même chose que de déclarer que le Saint Pere est si ignorant, si dépourvu de mémoire, qu'il n'est point instruit, ou qu'il a perdu le souvenir de ce que les Jésuites ont fait à ses prédécesseurs, & à lui-même ; ressouvenir qui lui a été parfaitement rappellé dans l'*Appendice*, & qu'il a oublié même ce qui s'est passé sous ses yeux, au sujet du fameux Pere Benzi, lorsqu'il étoit Evêque de Padoue. Notre Auteur n'est pas non plus excusable de n'avoir pas touché au moins légérement, ce que les Jésuites ont fait d'offensant contre les Supérieurs Séculiers. S'il craignoit de répéter ce que les autres ont dit, il pouvoit renvoyer son ami à tant d'écrits qui ont été faits sur ce sujet, & lui en indiquer les titres : par exemple, ceux-ci : *Requête, Procès-verbal & Avertissemens faits à la diligence de M. le Recteur & par l'ordre de l'Université* (de Paris), *pour faire condamner une doctrine pernicieuse à la société humaine, & particulierement à la vie des Rois, enseignée au Collége de Clermont détenu par les Jésuites.* Ensuite, afin de mettre sous les yeux un livre plus récent, & qui ne voit le jour que depuis peu, on pourroit citer celui qui est intitulé : *Les Jésuites criminels de Leze-Majesté dans la théorie & dans la pratique.* A la Haye, 1758. in-12. Mais comme l'Auteur n'avoit pu voir encore ce dernier ouvrage, il pouvoit du moins rappeller quelques-uns des faits par lesquels les Jésuites ont offensé les Souverains, tant en France qu'en Portugal, dans les premiers temps de la Société, & quelques-uns de ceux que nous avons vus de nos jours, & dont j'ai fait men-

tion

tion dans la Préface de cette Critique. Pour abréger, il pouvoit même laisser là la doctrine des Casuistes qui font le plus d'autorité dans la Société, que celle-ci appelle les Vieillards de l'Apocalypse, & qui enseignent que, pour des causes légeres, on peut tuer qui que ce soit, & citer seulement ce texte de Lessius, *cette grande lumiere de leur Théologie*, qu'ils ont même tenté de faire passer pour Saint à sa mort : « *Il est permis aux Clercs & aux Re-* » *ligieux de tuer, de même qu'aux Laïcs ; & il* » *leur est également permis de s'élever de la* » *même maniere contre qui que ce soit, même* » *contre les Supérieurs ; à un Moine contre son* » *Abbé ; à un Fils contre son Pere ; à un Ser-* » *viteur contre son Maître ; à un Vassal contre* » *son Prince* (liv. 1. ch. 9. distinct. 12. n°. 41. pag. 84.) Il est vrai que le Pere Louis Molina, qui étoit un homme de conscience, bon Chrétien surtout, & l'un de ces Jésuites qui ont fait tant de bien à l'Eglise, ne veut pas que l'on tue un Souverain qui n'auroit point de Successeur ; mais s'il en avoit qui fût capable de bien gouverner, alors il pense, pour ne point tomber dans la doctrine monstrueuse du rigorisme, qu'on peut le tuer dans une sainte paix, sans s'en faire le moindre scrupule (*de la Justice, n°. 1. 3. disput. 14. pag. 1764.*) Je ne sçais pas si, comme Lessius, il permettoit aussi, dans ce cas, de quitter la Messe, au milieu de sa célébration, pour se délivrer de son ennemi, se laver les mains, & venir ensuite continuer le sacrifice. (*Lessius, de la Just. & du Droit, l. 2. ch. 9. distinct. 8. n°. 41. pag. 84.*)

F

XV. RÉFLEXION.

>> L A Compagnie defire & s'efforce, autant
>> qu'il eft poffible, d'être exempte même de
,, ces fautes auxquelles la condition humaine
,, eft fujette, & furtout la multitude. ,,

Je demande pardon à l'Auteur; il auroit
dû s'abftenir abfolument de parler ici des péchés de la chair, dans lefquels il n'eft que
trop public que plufieurs Jéfuites font tombés; puifque les exemples qu'il apporte, &
beaucoup d'autres qu'il pouvoit alléguer, ne
contredifent en rien les paroles du Mémorial, où l'on ne dit point que les Jéfuites ne
font point de faux pas, mais où l'on dit feulement que la *Société defire & s'efforce* que fes
membres ne faffent point de chûtes. Ces fautes font recouvertes par la charité & la com-
paffion; & comme elles n'ôtent rien de l'idée
que l'on a du Corps entier, elles décréditent
encore moins une perfonne particuliere, felon les circonftances qui accompagnent les
faits, & en diminuent le crime. Il devoit remarquer avec attention la maniere adroite
dont s'exprime le Général, qui n'a pas ofé
dire en face au Pape, que les Jéfuites font
impeccables, furtout parlant du fixiéme Com-
mandement; mais qui, fans le dire, le fait
entendre. Il a dû dire, ce qui eft vrai, que la
Société defire d'être exempte de ces *manquemens* (un autre auroit dit de ces *fautes*, mais
les Jéfuites ne fçavent pas ce que ç'eft qu'une

faute), mais je ne sçais s'il a pû dire qu'elle s'efforce de s'en délivrer. Elle fait bien tous ses efforts pour voiler ses *manquemens*, c'est-à-dire, les crimes mêmes les plus énormes ; & quand elle ne peut y réussir par des voies licites, elle en prend qui ne le sont pas, telles qu'elles puissent être. Premierement, en niant hardiment le crime, mille fois, & plus, s'il le faut : Secondement, non seulement en ne punissant point le coupable, mais de plus en l'exhaltant ; &, lorsqu'on est obligé de lui faire quitter un lieu, en l'envoyant dans un autre, & en lui donnant un emploi plus important que celui qu'il avoit. Troisiémement, quand ils ne peuvent nier les faits, ils les travestissent, ils leur donnent une autre face ; ils usent d'impostures & de fourberies, ainsi qu'ils ont fait par rapport au crime si atroce dont ils viennent de se rendre coupables en Portugal. Mais leurs métamorphoses n'ont pas toujours été faites avec assez d'art & de précaution, pour que l'on n'ait pas souvent apperçu ce que le masque cachoit, & reconnu la fausseté dont ils faisoient usage pour tromper. Leurs histoires, comme je l'ai dit, contiennent plus de ces travestissemens que les métamorphoses d'Ovide. L'Auteur des Réflexions apporte en exemple le fait du Pere *Gambaro*, qu'il nomme mal *Gombaro*, & qu'il place en l'année 1567, au lieu de 1566 : Or, je vous prie de remarquer comment le Pere Sacchini, Historien de sa Société, a travesti ce fait au livre 3 de son ouvrage, nombre 107. D'abord il se livre à une si grande abondance de paroles qui ne vont point au but, qu'il y employe quatre énormes colon-

nes d'un volume *in-folio* d'un caractere très-
serré : ce n'est pas que le fait demandât une
si grande diffusion ; mais l'Historien vouloit
l'exposer de maniere, que ses Confreres pa-
russent absolument innocens. Il commence
par faire étalage du grand nombre de Dames
qui assiégent leurs Confessionaux ; & il ajoute,
qu'il arrive de-là que beaucoup de jeunes
filles embrassent la vie religieuse, que celles
qui sont mariées n'ont d'attention que pour
leurs maris, & que c'est ce qui a exposé au
plus grand danger plusieurs de ses Confreres.
Parlez vrai, cher ami, n'auriez-vous pas cru
le contraire ? Pour moi, je l'aurois cru comme vous : car enfin, les Peres voyant d'un
côté qu'on leur épargnoit de doter leurs filles ;
& de l'autre, les maris étant persuadés que
leurs femmes avoient soin de leur honneur,
c'est une conséquence que les uns & les autres dussent chérir davantage les Jésuites.
Mais, selon l'Historien, le bruit, qu'on excita contre ses freres, vint de ce que les uns
recherchoient en mariage quelques-unes des
filles qui se faisoient Religieuses, & que d'autres, ne voulant pas se marier, desiroient cependant des femmes d'emprunt. Voici ses paroles : " Il arrivoit, dit-il, de la conduite de
„ nos Confreres, qu'ils s'attiroient l'indigna-
„ tion de ceux à qui l'on ôtoit l'espérance de
„ faire telle ou telle alliance, ou des peres qui
„ desiroient de conserver leur famille, de l'aug-
„ menter, & de l'avancer ; qu'ils allumoient
„ la colere de ceux qui vouloient vivre dans le
„ crime, & qu'ils affligeoient, en leur ôtant les
„ moyens qu'ils s'étoient proposés „. Mais
l'historien n'a pas fait attention qu'il imputoit

à toute une Ville une tache des plus honteu-
ses, dont elle devoit être fouillée avant l'é-
rection du Collége de fa Société , puifqu'il
faut dire , ou que les femmes y étoient plus
libérales , & beaucoup moins attentives fur
leur honneur que dans aucune autre Ville, où
les Jéfuites fuffent établis ; fans quoi il n'y auroit pas eu tant de foulèvemens ; ou que les habitans de Montepulciano étoient des hommes
du plus mauvais génie qu'on eut pu voir fous
le Soleil : ou il faudra dire que l'Hiftorien impute une faute à d'autres Jéfuites , établis dans
quelque autre Ville ; ou parce que , par leurs
prédications , leurs faints exercices , & la direction des ames, ils n'auront rien changé des
ufages & des mœurs de cette Ville , comme à
Montepulciano : ou parce que les bénits Peres
voyant , par leur propre expérience , qu'en
rappellant les Dames à Dieu en les convertif-
fant, ils faifoient tourner contre eux l'efprit
des hommes , ils auront changé eux-mémes de
conduite , & feront devenus plus condefcen-
dans & plus compatiffans pour les pauvres pécheurs. Mais, que firent donc ces furieux ,
contre les bons Peres ? Le voici : *On répandit
le bruit*, dit l'Hiftorien , *que certain Jéfuite
avoit voulu faire violence à une femme , & qu'il
l'avoit pourfuivie dans fa fuite.* Mais on ne tarda
pas à voir que c'étoit une calomnie. Le Calomniateur méme fut arrêté ; & il auroit été
puni fi les Jéfuites n'euffent demandé grace
pour lui. Etoit-ce par charité ? Ou n'étoit-ce
pas peut-être par la crainte que fi le procès eût
été fuivi, on n'eut reconnu que les Calomniateurs avoient raifon , & que les Calomniés
étoient véritablement coupables ? Les enne-

mis du bien firent une autre tentative : *Ils promirent*, dit encore l'Hiftorien, *à une femme-
lette très-rufée de la récompenfer, fi elle pouvoit
féduire quelqu'un de fes Peres.* Il auroit dû dire
quelles furent ces tentatives : de cet énoncé,
il en feroit apparemment rejailli plus de gloire fur la Société en général & en particulier.
Mais l'Hiftorien coud ici un morceau de fon
invention ; & tout ce qu'il ajoute, & encore
en général, c'eft que l'infamie retomba fur
celui qui avoit voulu déshonorer les autres.
Il fait paroître enfuite un autre perfonnage
fur la fcène, armé d'une autre embufcade.
Un Jéfuite, encore laïc, venant du Pérou,
trouve, dans le chemin, une Dame, qui lui
dit : *où allez-vous, Pere ?* Il lui répond : *&
vous, Madame, où allez-vous ?* Et, fans
attendre fa réponfe, il continue fon chemin :
mais le dialogue eft trop fec & trop déchar-
né. Peut-être y a-t-il quelque branche qui
ne paroît pas. L'auriez-vous cru ? Selon
l'Hiftorien, il en réfulta, tout à coup, une
nouvelle fable : *On dit qu'un Jéfuite avoit
voulu emmener une femme.* Mais, pour fonder
une pareille puérilité, je ne dis pas une calomnie, mais un fimple foupçon ; il a fallu
avoir un cœur bien mauvais : au refte, l'Hiftorien qui a imaginé le perfonnage, l'excufe
auffi-tôt : *cet homme fans malice, & d'une
grande fimplicité*, dit-il, *demande à une femme où elle va :* (cette fimplicité n'eft pas le
vice favori des Jéfuites, même de ceux qui
ne font encore que laïcs). Vous femble-t-il,
cher ami, que ceci, tel que l'Hiftorien le
raconte, foit capable de mettre toute une
Ville en rumeur, jufqu'à la porter à chaffer

un Ordre, qui, au dire du même Hiſtorien, y étoit ſi aimé & ſi reſpecté, que, pour me ſervir de ſes paroles, *on diſoit que les mu-railles même de la maiſon qu'il occupoit reſpi-roient la piété, & en pénétroient ceux qui y entroient.* L'Hiſtorien l'a bien ſenti : mais avant que de commencer le concert, il fal-loit accorder les inſtrumens. Ce n'étoit qu'un préparatif au récit qu'il vouloit faire ; ſça-voir, qu'on avoit vû un homme habillé en Jéſuite entrer de nuit dans une maiſon qui avoit une très-mauvaiſe réputation, afin de pouvoir dire enſuite que cet inconnu n'avoit pris cet habit que pour faire décrier la So-ciété. Il pouvoit dire de même que le pere Gambaro, recteur du Collége de Montepul-ciano, qui confeſſoit deux ſœurs, l'une ſi le, & l'autre mariée ; les retenant trop longtemps au confeſſional, & ayant avec elles des en-tretiens trop longs, même au-dehors, donna lieu au ſcandale ; enſorte que pour lever & ôter tout ſoupçon, il renvoya la fille, & continua ſeulement ſes ſoins envers celle qui étoit mariée : mais ce n'auroit été là que le-ver la moitié du ſoupçon, moins même en-core, & peut être même l'augmenter. Mais l'Hiſtorien le diſſipe entièrement, ou a pré-tendu le diſſiper, en diſant que la Dame mariée avoit un fils Jéſuite, & qu'elle vou-loit s'informer chaque jour des progrès qu'il faiſoit dans la vie ſpirituelle. Heureuſe curio-ſité ! Mais ſi la Dame n'eut eu que ce mo-tif, ſes viſites auroient été courtes & rares. Ho ! dit l'Hiſtorien, elle vouloit profiter de l'occaſion pour s'entretenir elle-même des choſes ſpirituelles avec le Recteur ; auſſi ne fût-ce pas le mari de la Dame , mais son propre frère qui arrêta la continuation de ces converſations , & qui empêcha ladite Dame de voir à l'avenir le Jéſuite , & de lui parler. L'Hiſtorien ajoute qu'il arriva de-là que toutes les femmes qualifiées , ou d'un certain rang , furent écartées de leur Egliſe. Qu'un ſeul ordre , donné par un frère Gentilhomme à ſa ſœur , a eu de force ! Quoi ! le défaut d'une ſeule Dame faire diſparoître toutes les autres ! Il n'y eut pas juſqu'à un Capucin qui en fut ſcandaliſé , & qui *n'héſita point de loüer* , en chaire , *la Dame comme une ſainte, & de faire en même-temps l'éloge de la chaſteté des révérends Peres* , c'eſt-à-dire , qu'il canoniſa à peu de frais , & la Dame & tous les Jéſuites : mais tout ceci produiſit un effet contraire. Le ſoulèvement augmenta ; ce fut preſque une ſédition. On le manda au pere Général ; on lui écrivit , mais inutilement , de retirer le Recteur : celui-ci parut cependant effrayé ; il feignit un voyage à Pérouſe , & ſe tranſporta en France pour aller trouver le pere Général. Ce Pere , après un examen mur & réfléchi de toute cette affaire , ne trouva à reprendre , dans le Recteur , qu'*un certain excès de ſimplicité , ou une bonté trop peu réfléchie dans quelques paroles & dans quelques écritures*. Il dit *dans quelques écritures* , parce que l'on avoit trouvé diverſes lettres , ſoit de la Dame , ſoit du Recteur , (peut-être de tous les deux) qui furent jugées galantes , ſuivant le ſens qu'on vouloit leur donner , mais que le Vicaire de Montepulciano , toujours ſelon l'Hiſtorien , regarda comme innocentes. La fin de l'hiſtoire eſt , que le pere Général renvoya le Recteur, & l'exclut de la Société. Ce récit est très-long dans l'Historien de la Compagnie ; je l'ai abrégé autant que je l'ai pu. Mais le premier n'a pu dire : *Le Recteur ayant été accusé de je ne sçais quelle intrigue, quoique fausse, fut renvoyé de la Société.* Pour dire librement ce que je pense, il me semble qu'il y a bien des femmelettes qui, pour confesser un péché véniel, s'amusent à dire tout ce que font leur chat & leurs poules. A Dieu ne plaise que je juge les Jésuites coupables des péchés si honteux dont il vient d'être question : au contraire, je veux croire qu'ils sont purs & innocens. Je dis seulement que cette prolixité excessive, cette longueur affectée, fait plutôt soupçonner qu'éloigner les soupçons : tel est cependant le caractère de l'histoire de la Société dont il s'agit. Tous ceux qui l'ont écrit avant Sacchini & depuis, ont suivi la même route ; tous ont employé les mêmes détours, dès qu'il est question de quelque fait duquel on pouvoit tirer quelque conséquence peu honorable. Au reste, dans l'abrégé que je viens de faire de l'histoire du pere Gambaro, je n'ai rien omis d'essentiel, & qui fasse en faveur des Jésuites ; au lieu que dans le récit de l'Historien, on sent des contradictions qui en font soupçonner la fidélité. Le même pere Sacchini raconte qu'un Calomniateur se rétracta, & que ce fut celui qui s'étoit habillé lui-même en Jésuite pour entrer dans un mauvais lieu : mais il donne cette narration hors de sa place, (c'est-à-dire, au liv. 7, n°. 25,) & en fait excuse ; ce qui n'embrouiller pas moins tout son récit. Il ajoute que depuis cette calomnie, toutes les affaires du coupa-

F v

ble a'lerent fort mal, qu'il fut réduit à une extrême mifere, & que paroiffant enfin près de la mort, il fut plufieurs jours à fouffrir beaucoup, fans avoir la confolation que la mort mît fin à fes fouffrances. Voyant donc, ajoute t-il, qu'il ne pouvoit obtenir la diffolution de fon corps, il fit fa rétractation, & il mourut auffitôt. Le Pere Jouvancy, autre Hiftorien de la Société, a rafraîchi ce fait (l. 15. 5e. part. pag 306.); mais il ne s'accorde point avec Sacchini. L'un dit que celui dont il s'agit laiffa aux Jéfuites tout ce qu'il avoit, l'autre affure qu'il ne poffédoit pas un fou. Le premier raconte que cet homme fe traveftit en Jéfuite *en fecret & de nuit*, & que ce fut auffi de nuit qu'il alla trouver la femme de mauvaife vie; l'autre dit, *qu'étant ainfi habillé, il traverfa une place où il y avoit beaucoup de peuple, & entra de fuite dans le logis de celle qu'il cherchoit;* par conféquent à la vûe d'une multitude de perfonnes, & probablement de jour; car les places publiques ne font pas ordinairement remplies de monde pendant la nuit. Il y a plus; comme le Pere Jouvancy a écrit dans un temp beaucoup plus éloigné du fait que le premier, il l'a amplifié; felon lui, le calomniateur demeura quinze jours entre la vie & la mort; au bout de ces quinze jours, il fe reffouvint du péché qu'il avoit commis, & le confeffa. Que de contradictions! Vous le voyez: mais je ne m'en étonne point; ces hiftoriens ne font point d'attention à ce qu'ils devroient écrire, mais au tour qu'ils donneront aux chofes qui les intéreffent. Et voilà ce que le Pere Général veut faire entendre, lorfqu'il dit: *Qu'il* desire & s'efforce, autant qu'il est possible, que la Société soit exempte des fautes mêmes auxquelles la condition humaine est sujette. On voit bien qu'il n'a ainsi arrangé ses paroles, qu'afin que le Pape se persuadât que les Jésuites ne tombent point dans les péchés dont on les accusoit ; mais il le dit, & ne le dit pas, de peur d'être accusé de mensonge, si le Saint Pere ne goûtoit point ses raisons. C'est ce que l'Auteur des Réflexions n'a pas sçu connoître. Mais le Jésuite, Auteur de la Lettre au Gentilhomme Milanois, le plus effronté, & le plus téméraire de tous les animaux qui marchent à deux pieds, dit de plus, que les Jésuites n'ont jamais été ni calomniés, ni accusés sur l'article de la sensualité. Sçavez-vous pourquoi ? C'est qu'ils sont semblables à Jesus-Christ, dont les calomniateurs & ceux qui ont rendu faux témoignage contre lui, en quelque nombre qu'ils ayent été, ne lui ont jamais supposé ce crime honteux. N'est-ce pas là une raison convaincante ? Pesez ces paroles : « *Quoique les accusations inventées* ,, *contre nous par l'esprit fécond des Jansé-* ,, *nistes, (voici les Jansenistes en jeu) & ré-* *pandues par eux, soient presque innombrables,* *aucune n'est empreinte de cette noire teinture,* *dont on avoit marqué en 1305 les mœurs des* *infortunés Templiers : notre Divin Capitaine* *ne l'a pas permis : non, il n'a pas voulu que,* *non plus qu'à lui, à ses Apôtres & à ses Disci-* *ples, on nous opposât des dissolutions si basses &* *si dignes des bêtes ; à nous, dis-je, qui sommes* *ses compagnons, quoiqu'indignes :* (quelle humilité! qu'elle est grande! mais est-elle vraie !) Pour faire sentir tout l'orgueil, toute la té-

132

mérité, toute l'arrogance qui font renfermées dans ces paroles, Démosthene & Ciceron eux-mêmes auroient manqué d'expreffion ; fans compter encore l'ignorance & le menfonge qu'elles contiennent. Depuis le temps de S. Ignace on a accufé les Jéfuites de péché contre nature. Prenez bien garde que je dis accufés, & que je ne dis pas convaincus ; je ferois même porté à dire, qu'ils ont été calomnieufement accufés. Mais je m'arrete à ce que j'ai dit; il me fuffit pour donner un démenti à cet écrivain, ou téméraire, ou ignorant, ou menteur. Je laiffe l'accufation pour ce qu'elle eft : n'ayant point examiné les faits, je ne puis affirmer qu'ils foient criminels, mais je n'affurerai point non plus qu'ils font innocens. Ce crime horrible fut imputé au pere Caffaita, & par cette raifon les Jéfuites furent chaffés de l'Ifle de Malthe en 1643, par le peuple en fureur, & conduit en Sicile. Que n'a-t-on point dit à Louvain, à l'occafion de la Congrégation des Dames qu'ils y avoient établie? Les difcours que ces Congrégations occafionnerent, obligerent les Curés & l'Univerfité de les interdire; & un des motifs fut que l'on prétendoit que chaque femaine une Dame s'y faifoit donner la difcipline par le Pere Directeur. Que ces exemples foient retranchés de leur hiftoire, à la bonne heure; combien d'autres ne s'y lifent-ils pas, fans compter ceux que l'Auteur des Réflexions rapporte, ceux qu'il tait par charité, & ceux qui ne font pas abfolument publics. Ceux qui font fçus & connus font plus que fuffifans pour impofer la tache de menteur à ce Jéfuite, & lui faire voir, que comme les Jéfuites ne reffemblent point dans toute autre chofe à celui dont ils portent le nom, il en eſt de même dans ce point particulier ; & qu'au contraire, comme ils lui ſont oppoſés dans le dogme & dans la morale, de même auſſi ſont-ils très-diſſemblables de lui dans leur vie.

XVI. RÉFLEXION.

» Certainement les Supérieurs de l'Ordre,
» comme il paroit par les regiſtres des lettres
» écrites & reçues, ont toujours fortement re-
» commandé l'obſervance régulière la plus exa-
» cte dans toutes leurs Provinces, & notamment
» dans celles de Portugal. Et quoiqu'ils aient
» eu d'ailleurs connoiſſance de quelques fautes,
» ils n'ont cependant rien ſçu des délits que
» l'on impute à leurs Religieux ; ils n'en ont
» point été préalablement avertis ni ſommés
» d'y mettre ordre.

Quoique l'Auteur des Réflexions ſoit aſſez court dans celles qu'il fait ſur cet article du mémorial, il y parcourt cependant divers objets ; mais il n'y examine pas par parties les paroles dudit article, ſur leſquelles, ſuivant ſon projet, & le but qu'il s'étoit propoſé, il devoit faire ſes obſervations. En premier lieu, le Pere Général cite pour ſa défenſe les regiſtres des lettres. Il ne pouvoit alléguer d'autorité ni plus valide, ni plus forte, pour démontrer l'innocence, tant des chefs que du corps de ſa Société. Mais l'Auteur devoit avertir, que ſi le Pere Général vouloit don-ner cette force & cette validité à ces témoignages, qui , felon lui , font d'un fi grand poids, & lui font gagner fa caufe; il ne fuffifoit pas de citer feulement,il fall. it produire,exhiber ces lettres; autrement ce feroit la même chofe que de citer un teftament qui feroit dans la lune. Si le Pere Général nous permettoit de feuilleter lefdits regiftres , à notre volonté , tels qu'ils font , & autant que nous en aurions befoin , je m'engagerois bien de promettre que les deux parties , leurs juges & ceux qui les attaquent , s'en rapporteroient auxdits regiftres fans héfiter , & fans rien exiger de plus. Mais vous verriez que quelque avantage qu'il y ait dans ce parti , le Pere Général ne voudroit pas s'y fier. Je vous avoue, cher ami , que je ferois plus curieux de voir ces regiftres, que de lire les livres de Diodore de Sicile qui font perdus , ou de faire un tour dans Saturne , ou de contempler l'anneau merveilleux qui l'entoure. Le Pere Général dit enfuite *qu'il a toujours fortement recommandé l'obfervance réguliere la plus exacte dans toutes les provinces de fa Compagnie , & notamment dans celles de Portugal.* Je le crois, pour deux raifons , que l'Auteur des Réflexions ne s'eft point rappellées ; car s'il s'en fût fouvenu , il n'auroit point dit qu'il ne croit point ce que le Pere Général affirme ici, ce qui eft lui donner un démenti, & le faire paffer, fans raifon , pour impofteur.

On ne doute point que les Supériéurs de la Commpagnie n'ayent prêché & inculqué la Régularité, tant à leurs Confreres de Lisbonne, qu'à ceux des autres lieux du Portugal où ils étoient établis; ni qu'ils leur ayent recommandé de fe montrer de façon, qu'on pût les regarder comme des Saints, & qu'ils ne fiſſent rien paroître qui pût diminuer cette idée qu'on auroit conçue d'eux. Je vois, par exemple, que le pere Malagrida a été, à cet égard, très-obéiſſant : Il leur importoit ici, plus que dans tout autre pays, d'affecter cette piété & cette régularité apparente, pour mieux couvrir les crimes énormes qu'ils y commettoient. En effet, en les croyant des hommes pieux & ſaints, les Portugais ne ſe fuſſent jamais perſuadés qu'ils puſſent tomber dans les crimes ſi graves qu'on leur a imputés ; & ſi l'on eut dit le contraire, ſi l'on eut détaillé ces crimes, & que l'on en eut apporté des preuves convaincantes, une ſimple négation de leur part, comme venant de perſonnages ſaints & impeccables, auroit tout fait exhaler en fumée. C'eſt ce qui arrive à Rome, où moyennant leur oratoire de *Caravita*, leur confrérie de la bonne mort, leurs pieux exercices &c., ils font diſparoître, non-ſeulement les crimes qu'ils ont commis en Portugal, quoique démontrés par les deux puiſſances, Eccléſiaſtique & Séculière, mais ceux encore qu'ils commettent actuellement, & ſous les yeux des Romains, tels que ſont leur commerce, les actions qui n'ont que leur propre intérêt pour objet, leur avarice effrénée, leurs uſurpations manifeſtes, la vengeance, la haine, la calomnie, &c. Ce qui fait qu'il leur importoit beaucoup d'en impoſer en Portugal, c'eſt que ce Royaume a toujours été le Royaume le plus chéri de la Compagnie ; c'étoit pour elle comme un troupeau extremement gras, duquel elle tiroit plus de laine & de lait que de

tous les autres ; elle auroit continué à en retirer de si grands avantages ; mais ayant tondu
les brebis de trop près, jusqu'à toucher à la
chair, elles se sont regimbées, elles ont mordu
ceux qui les écorchoient en les tondant ; &
cette morsure, qui n'étoit d'abord qu'une morsure de bête, à force d'être réitérée, a causé
des blessures sérieuses, & s'est changée, à la
fin, en coups de griffes de lion. L'Auteur des
Réflexions devoit faire de plus attention que
le Pere Général, en se servant des paroles
qui sont rapportées au commencement de la
treiziéme Réflexions, a, comme font beaucoup d'autres Jésuites, très-adroitement parlé
au nom de la Société ; & cette Société est impeccable, pure, & sainte. Je défie qui que ce
soit de l'accuser d'un seul péché véniel, même des plus légers ; & ainsi le Pere Général
a pû dire d'elle, *qu'elle a en horreur les crimes*
que l'on impute à ses Peres de Portugal; parce
que, quoique la Compagnie ne soit une personne qu'en idée, c'est cependant une Dame
de bien. Pour ce qui est des Supérieurs dont
on parle ensuite ici, c'est une autre affaire.
Ce sont des êtres animés, qui mangent, boi-
vent, agissent ; on peut les citer, les inter-
peller ; on peut examiner leurs actions, &
leur en faire rendre compte, & trouver en eux
des défauts, & même des crimes de toute espece. C'est ce qui n'avoit pas échappé au très-
pénétrant Pere Suarès : ne pouvant nier que
ses Confreres n'eussent été, comme ils le sont
encore, de grands *pêcheurs d'héritages*, & que
quand ils viennent au secours des moribonds,
pour la plus grande gloire de Dieu, & le salut des ames, ils font ensorte que cette gloire

& ce zèle du salut se terminent à se faire ad-
juger de grandes sommes d'argent, & autres
possessions fixes & stables ; il en fait retom-
ber la faute sur les particuliers du corps, &
l'impute à un zèle indiscret & mal réglé ;
mais il proteste hautement que Dieu préserve
la Société d'avoir de pareils sentimens. » Dans
» la premiere fonction, dit-il, (c'est-à-dire
» dans celle d'assister les mourans) on nous
» accuse d'avarice, & l'on nous reproche que
» les Prêtres de la Société ne sont empressés
» pour ce ministère, que pour obtenir une par-
» tie des biens de ceux qui sont prêts à quitter
» cette vie ; qu'ils les engagent d'en disposer
» en leur faveur, soit par testament, soit de
» toute autre maniere. Mais il n'y a rien qui
» soit plus éloigné de l'esprit & de l'intention
» de la Société : quelque jugement que l'on
» porte des fautes ou des défauts des particu-
» liers, s'il arrive que quelques-uns en com-
» mettent ou par quelque affection humaine,
» ou par un zèle qui n'est pas selon la scien-
» ce, *ce dont nous n'avons aucune certitude;*
» cela ne peut nuire à notre Ordre, qui dé-
» teste une pareille intention (·T. 4 , l. 9 , ch.
» 9 , n°. 3.) « Le bon Pere Suarez étoit vrai-
ment un homme bien simple ; de même que
le Pere Général & tous les autres Jésuites qui
ignorent toujours ce qui est sçu de tout le monde. Mais on pourroit répondre, que si cette sainte & innocente Société déteste l'intention,
elle n'en commet pas moins réellement l'action , *qui peut nuire à la Religion;* que
dis-je , qui lui nuit en effet beaucoup auprès
de Dieu & des hommes , & qui lui imprime
la tache d'une avarice détestable. Si c'étoit
sincérement qu'elle eût horreur d'une pa-

reille conduite, on la verroit renoncer à ces héritages qui ne leur font point dûs; mais loin de-là, elle les accepte très-gaiement; elle n'en abandonne pas, même la plus légere partie. Je veux vous raconter à cette occafion un plaifant événement, qui eft arrivé fous nos yeux depuis peu d'années. Le Pere Volpi affifta à la mort du Marquis Alexandre Capponi; & ce Seigneur laiffa, pour récompenfe, aux Jéfuites, fon très-riche & très-précieux cabinet, qui renfermoit beaucoup d'antiquités rares, en camées, en pierres gravées par les meilleurs Maîtres de l'antiquité, & dans une fuite très-digne d'attention de médailles anciennes, &c. A peine eut-il rendu le dernier foupir, que les Jéfuites fe préfenterent, & on lut le teftament. Les deux Cardinaux, qui en étoient nommés exécuteurs, & dont un eft encore vivant, fcellerent le tout, & entre autres la chambre du Mufée, qu'on avoit ouverte depuis quelques jours, dans laquelle on trouva, parmi les antiques, environ foixante-dix écus de monnoye Papale. Les Jéfuites prétendirent que cet argent ufuel, qui étoit dans un vafe, étoit compris dans le legs. Les deux Eminences, & tous les affiftans, penfoient le contraire. Ils difoient qu'une monnoye frappée d'aujourd'hui ne pouvoit faire partie d'une collection de médailles anciennes, qu'elle n'entroit pour rien dans le cabinet; qu'on l'avoit trouvée dans un vafe particulier où elle avoit été mife par hafard, parce que le défunt demeuroit quelquefois des jours entiers dans fon Mufée, & qu'il y faifoit une partie de fes affaires. Mais les Jéfuites, féconds en inventions, dirent qu'ils avoient auffi, dans leur

prôpre cabinet, une suite commencée de mon-
noyes des Papes, & que parmi les foixante-
dix écus dont il s'agiffoit, il pouvoit fe trouver quelque paol, ou quelque teften qui
manqueroit à leur fuite. Le Seigneur Capponi, héritier du défunt, eut la politeffe de
dire aux Révérends Peres qu'ils pouvoient
emporter chez eux toute cette monnoye, &
en tirer ce qui manqueroit à leur fuite, pourvu
que tout le refte fût renvoyé. Quelques mois
fe pafferent fans qu'il entendît parler de ce
qu'il avoit confié fi libéra ement; il en fit la
demande; les Jéfuites répondirent que tout
ce qui leur avoit été accordé pour le comparer avec ce qu'ils avoient, manquoit abfolument à leur cabinet. Ce que l'on pouvoit
donc répondre au Pere Suarez, l'Auteur des
Réflexions le pouvoit envers le Pere Ricci;
& ne l'ayant point fait, il a mérité ma cenfure. Il devoit auffi répondre au Pere Général, qui affecte la plus grande fincérité, jufqu'à offrir de faire voir les regiftres des lettres reçues par fes Religieux, que s'il avoit
parlé felon la vérité, il étoit donc bien mal
informé, & que conféquemment il gouver-
noit fort mal fa Compagnie, il n'étoit pas
encore inftruit de l'énorme commerce de fa
Société dans tous les lieux de la domination
de Sa Majefté Très-Fidele: & s'il étoit vrai
qu'il ignorât les révoltes qu'ils y ont fufcitées,
les ufurpations qu'ils y ont faites de Provinces entieres, & qu'ils foutiennent les armes
à la main en Amérique; leurs crimes horri-
bles de Lèze-Majefté, qui ne font pas feulement d'aujourd'hui, mais qui ont été fi fré-
quens, qu'il n'eft pas poffible qu'ils ayent pû

lui être caché jusqu'à présent. Mais, disons le vrai, il y a plusieurs années qu'il a pû en être informé, & de la maniere la plus authentique qu'il pouvoit desirer, au moins par la lettre que le Roi lui a écrite, & que l'Auteur des Réflexions rapporte en entier, page 80 de son écrit. Enfin l'Auteur pouvoit encore observer que si les Jésuites de Portugal, que le Pere Général veut faire passer pour exempts de toute tache, & pour n'avoir pas même l'ombre de défaut, sont cependant si injustes, & si scélérats ; ce seroit bien autre chose si l'on dévoiloit les Jésuites qui sont répandus par tout le monde.

XVII. RÉFLEXION.

,, Et dès qu'ils ont eu avis que ces Peres
,, avoient encouru la disgrace de Sa Majesté
,, Très-Fidele, ils en ont senti une extrême
,, douleur. ,,

L'Auteur fait ici une réflexion aussi sage que juste, en observant, que le temps n'étoit point encore favorable pour faire sauter la mine en l'air. Il falloit en attendre un, environné des dangers des conjurations & des intrigues secrettes, comme le plus convenable à mettre la derniere main à ce qu'on avoit projetté. Il falloit qu'à ce degré de circonstances la Société pût joindre ce systême artificieux, qui avoit été annoncé par Melchior Canus, qui, semblable à une autre Cassandre à qui l'on refusa toute croyance, comme le dit Virgile, ne fut pas cru dans le temps qu'il le défignoit fi clairement, & qui trouve encore aujourd'hui tant d'incrédules; quoique l'expérience, qui ouvre les yeux aux aveugles mêmes & à ceux qui ne croyent qu'avec beaucoup de peine, ait fait toucher, comme avec la main, la vérité de la prédiction. Il y a plus de 60 ans qu'un Poëte a annoncé ce fyftême de la Société, & qu'il a voulu faire fentir à ceux qui ne vouloient pas l'appercevoir, qu'elle avoit formé ce fyftême dès fon origine. « Je ne fçais, dit-il, fi jamais vous » avez bien connu que l'Inftitut des Jéfuites, » dès fon établiffement même, afpire à la » Monarchie Univerfelle. » Ils virent bien, à la vérité, que l'entreprife étoit difficile, impoffible même, fi on peut le dire. Ils n'ignoroient pas que beaucoup d'autres l'avoient inutilement tenté, & que dès qu'un Monarque, fier de fa grande puiffance, avoit arrangé tous fes projets, tiré toutes fes lignes, ufé de toute fa force, fait jouer tous les refforts de la politique, pour établir cette Monarchie Univerfelle, il avoit vu auffitôt tous les autres potentats fe réunir contre lui, & renverfer tous fes deffeins. Que firent-ils donc? ils imaginerent une voye plus détournée, plus cachée, pour obtenir une nouvelle efpece de Monarchie Univerfelle; ce fut de laiffer les Souverains maîtres de leurs Domaines, pourvu qu'ils dominaffent eux-mêmes fur ces Souverains; qu'ils puffent s'établir leurs Vice-Rois, leurs Vice-Ducs, leurs Vice-Princes, en un mot, leurs Miniftres, & fe faire ainfi Empereurs ou Souverains du monde, & qu'ils fe procuraffent un empire, pour ainfi dire, moral & infenfible, qui ne bleffât pas les yeux, mais qui produisît le même effet, de commander à tout l'Univers. Comme ils ne pouvoient pas dominer fur tous les Souverains par la force, en leur impofant des armées de terre & de mer ; ni par leurs richeffes, ni par les autres moyens que les Conquérans ont employé, & qu'ainfi tous leurs projets manqueroient des fuccès qu'ils vouloient leur donner ; ils prirent la voye de la Religion, comme étant le lieu le plus efficace pour enchaîner l'efprit & la volonté des hommes, & les dominer par une force en apparence divine. Ils s'en fervirent pour régler les confciences de tous les Monarques, mais en n'employant enfuite cette même Religion que fuivant leurs fins & leurs intérêts ; & telle eft la conduite qu'ils ont tenue pendant près de 200 ans. Mais cette Monarchie Univerfelle ne leur ayant paru que comme un jeu de marionettes, où l'on ne voyoit point les interlocuteurs qui parloient & faifoient mouvoir les figures, ils n'étoient pas fatisfaits, & ils auroient voulu fe montrer en perfonne fur la fcène, & jouer leur jeu à découvert & en réalité. La voye qui s'ouvrit de conquérir dans l'Amérique un pays vafte & riche, vint fort à propos feconder leurs defirs ; ils penferent alors à fe procurer une Monarchie Univerfelle effective, réelle, & qui ne fut plus fecrette. Pour y réuffir, ils s'occuperent à enfeigner à ces peuples une foumiffion fi exceffive, qu'elle fut plutôt un véritable efclavage, & à leur infpirer une averfion mortelle pour leurs Souverains légitimes, qu'ils n'avoient jamais vus ni connus, & une obéiffance aveu-

gle, une vénération fans bornes pour les bénits Peres qui les gouvernoient. Pour augmenter plus promptement le nombre de leurs
fujets, ils leur firent contracter mariage de
bonne heure, c'eft-à-dire, auffitôt que les
deux fexes étoient parvenus à l'âge de pu-
berté. Enfuite ils leur apprirent tout l'art de
la guerre, & à fabriquer des armes, afin d'être
en état de mettre des armées affez nombreufes
& affez fortes, pour réfifter, comme ils ont
fait, aux deux Monarques leurs Souverains
légitimes. S'ils euffent eu affez de temps, non
feulement pour fe mettre, ainfi qu'on le voit,
en fituation de fe défendre, mais de plus en
état d'attaquer ; comme il n'y a point d'autres Souverains dans l'Amérique qui puiffent
leur tenir tête, en très-peu de temps ils fe
feroient rendus maîtres de toute l'Amérique,
& auroient, fans rien craindre, étendu leur
empire fur la moitié du monde ; car les Princes de l'Europe ne peuvent envoyer dans ces
pays des armées nombreufes. Maîtres des
Ports, ils auroient pû d'ailleurs leur oppofer
des Flottes très-formidables. Par-là ils fe
feroient formé un Empire, non feulement
univerfel, mais plus riche, plus abondant,
plus puiffant que tous les Royaumes de
l'Europe, de l'Afie, & de l'Afrique unis en-
femble. Un fyftême fi bien lié, & que chaque
jour voyoit s'affermir & fe développer infenfiblement, fans que ceux qui l'avoient imaginé femblaffent avoir rien à redouter, paroiffoit prefque affuré dans l'exécution. En
effet l'Efpagne & le Portugal, les deux feules
& uniques Monarchies qui pouvoient fe réunir, étoient tellement bridées & dominées

par les Jésuites, que ceux-ci pouvoient s'en dire les maîtres abfolus. Non feulement les Miniftres de Madrid & de Lisbonne étoient fous leur dépendance, mais tous ceux auffi que l'on avoit envoyés dans l'Amérique. Ils n'en dépendoient pas feulement, ils trembloient; parce que les Révérends Peres, au moyen de leurs calomnies, couvertes du voile de la Religion, pouvoient les perdre en un moment. Ils avoient foin de leur faire fçavoir, que s'ils faifoient ou écrivoient la moindre chofe qui ne fût pas favorable à leur fyftême, ils les perfécuteroient jufqu'à la mort. Les Evêques, les Religieux, les Miffionnaires, tenoient la même conduite; l'hiftoire, depuis un fiécle, eft pleine de ces faits. Cet aveuglement arrêtant tout ce qu'on auroit pû faire pour abattre la machine dreffée par les bénits Peres, ceux-ci étoient devenus Souverains, jufqu'à ce qu'il ait plû à Dieu, qui brife ce que les hommes ont le mieux cimenté, comme on rompt avec une barre de fer les vafes de terre cuite, ou comme on diffipe les toiles d'araignées, de vouloir que l'expérience ouvrît les yeux aux Monarques, qui les avoient toujours tenus fermés aux remontrances de leurs fideles Miniftres. Le Portugal eft le Royaume qui, par ces jugemens fi profonds & fi impénétrables de celui par qui regnent les Rois, a le premier fait la trifte & affligeante expérience des manœuvres de la Société, & qui a été pleinement perfuadé de fes deffeins & de fon but. Heureux fi les autres Souverains ne veulent pas attendre, pour avoir les mêmes lumieres, ce temps prédit par Melchior Canus, *où les Rois voudront réfifter*

fifter aux Jéfuites, & ne le pourront point. Ce temps eft très-proche ; nous y touchons ; il eft même prefque déjà arrivé pour les Royaumes d'Efpagne & de Portugal, qui, malgré une guerre animée depuis tant d'années, malgré deux armées qui font fur pied, n'ont pû trouver encore le moyen de les foumettre, & de tirer de leurs mains les Provinces qu'ils ont ufurpées, & qu'ils s'obftinent à retenir. Ceux, en outre, qui fervent ces Religieux, & qui leur obéiffent en tout, comme des efclaves qui feroient à la chaîne, ne s'appercoivent pas même qu'il font fous leur tyrannie ; ils ne voyent point que ces Peres, par le moyen des poftes de Confeffeurs des Princes qui leur font confiés, commandent aux Souverains ; qu'ils leur font faire tout ce qui leur plaît ; qu'il n'en faut pas davantage pour que tous les fujets les craignent, & leur obéiffent plus qu'à leurs Princes légitimes, & que, dès que ceux-ci voudront ordonner quelque chofe qui ne plaira point aux Jéfuites, loin de trouver l'obéiffance qu'ils auroient droit d'attendre, ne verront que des gens qui fe révolteront, & qui s'attacheront au parti des bénits Peres. C'eft ce qui eft démontré par ce que nous voyons actuellement ; c'eft ce que l'on n'a que trop vu en Portugal, où ils ont excité tant de foulevemens, & où ils ont donné au Roi Très-Fidele plus d'embarras & d'afflictions, & caufé plus de dépenfes, que s'il eût eu à foutenir, durant plufieurs années, une guerre vive contre quelque puiffance de l'Europe que ce foit. Jugez fur cette fimple efquiffe, que je me fuis contenté de tracer légerement, fi l'Auteur des Réflexions ne

G

pouvoit pas, je dis pus, s'il ne devoit pas s'étendre davantage, & faire remarquer que les Jéfuites fe font d'autant plus craindre des Souverains, qu'ils ont, pour ainfi dire, la clef de la Cour de Rome, & qu'en faifant voir qu'ils y font tout-puiffans, ils s'affermiffent de plus en plus dans les autres Cours, & que par ce moyen ils les trompent toutes.

XVIII. RÉFLEXION.

» Ils ont demandé avec inftance qu'on leur
» donnât une connoiffance particuliere &
» des crimes & des criminels. Ils ont offert
» à Sa Majefté de lui donner toute forte de
» fatisfaction, de punir les coupables com-
» me ils le méritent, & même d'envoyer des
» Pays Etrangers les perfonnes les plus ca-
» pables & les plus accréditées de l'Ordre,
» pour être vifiteurs, & retrancher les abus
» qui fe font introduits; mais les humbles
» prieres & les offres des Supérieurs n'ont
» pas été jugées dignes d'être écoutées. »

Afin de montrer à tous mes lecteurs, que ce n'eft ni par mauvaife volonté, ni par envie, ni par aucune animofité contre l'Auteur des Réflexions, que j'ai entrepris cette critique, je vous dirai que je n'ai prefque rien trouvé à reprendre dans cette dix-huitiéme Réflexion, & que je pourrois la paffer fans faire aucune difficulté. Il me paroît feulement que l'Auteur n'a pas prévu une objection, qui vient tout naturellement à l'efprit; c'eft que s'il est vrai, comme on le lit dans ladite Réflexion, que les Jésuites ont déjà été avertis des défauts & des crimes de leurs Confreres, il n'est pas moins vrai qu'ils n'ont jamais fait aucune réparation convenable, quoiqu'ils l'ayent promis solemnellement. L'objection & la réponse que le P. Général pourroit faire à cela, c'est qu'à la vérité il en a été ainsi sous les autres gouvernemens; mais que sous le sien, il fera taire toutes les mauvaises langues de ses sujets; & qu'il a déjà expédié des lettres froudoyantes pour les réduire au silence. Mais le Pere Visconti, & après lui le Pere Centurioni, avoient déjà tenu le même langage; ils avoient dit qu'ils avoient défendu au Pere Zaccaria de continuer les médisances & les calomnies dont est pleine, depuis le commencement jusqu'à la fin, sa prétendue Histoire Littéraire, où il dit du mal de chacun. Mais quoi? Tout cela n'a été qu'un jeu. Le Pere Zaccaria a continué, & continue d'écrire toujours sur le même ton. Depuis le Mémorial, où on lit ce qui a été rapporté plus haut, que le Pere Général est affligé de tout ce qui peut offenser les Supérieurs, on a vu une multitude de Libelles où l'on blesse quantité de personnes de tout état; témoin encore la lettre si récente d'un Jésuite à un Gentilhomme Milanois, dans laquelle on trouve à chaque ligne des calomnies & des médisances contre toute sorte de personnes. Il me semble voir un aveugle, qui, avec son bâton, frappe à droite & à gauche. Il tombe de même sur qui que ce soit; depuis l'Hérétique jusqu'à l'Imprimeur Catholique. Le premier Ministre d'un grand Royaume, il le

G ij

traite d'homme avide & infatiable. Selon lui, le Roi est un homme qui se laisse mener, un aveugle, un tyran. Il tourne en ridicule tous les autres Ordres Religieux; ce ne font, à fes yeux, que des fupertitieux. Il voudroit faire passer Benoît XIV pour un extravagant, un homme de fantaisie, qui jugeoit sur la plus légere assertion, & qui décidoit sans confulter les Cardinaux; qui étoit précipité, facile, & qui condamnoit sans examen. Une partie du Sacré Collége n'est pas mieux traitée; à l'entendre, elle a peu de jugement, elle est peu attachée à la Catholicité. Selon cet impudent, le Cardinal de Saldanha a ufurpé une autorité qu'il n'avoit pas. La Cour de Portugal est honorée des titres de menteufe, de calomniatrice, & de s'être liée avec les puissances Hérétiques. Il taxe le Patriarche de Lisbonne d'injuste & de déraifonnable. Le Roi d'Efpagne, affligé d'une maladie qui peut actuellement attaquer toute autre perfonne, est dépeint comme un criminel au premier chef, que la vengeance divine pourfuit, quoique le Jéfuite, Auteur de la Lettre, fçache peut-être bien quel est le vrai coupable. Il retombe avec une nouvelle indécence fur Benoît XIV, qu'il traite de petit Avocat du Mont-Citoir, & fur un des plus illuftres Cardinanx à qui il a l'impudence d'appliquer la qualification de traître. Il donne, ne pouvant faire pis, un vernis du Janfénifme, à une Congrégation, aussi pieufe que fçavante, de Prêtres amis de la retraite, qui ne fe mêlent aucunement des affaires publiques, ainsi que font les Jéfuites qui affiégent le Palais & les Maifons des Grands; mais qui ne vacquent qu'au service de Dieu, & à la direction des ames, tranquillement, sans aucun éclat ; ce que ne font pas les Peres de la Société. Le sçavant, le pieux, le zèlé Pere Concina est traité de satyrique infâme, de Religieux aveuglé par l'envie, par la jalousie, d'homme enragé, & il est proposé comme un criminel, qui est l'objet de la vengeance de Dieu, parce qu'il a attaqué & combattu la morale Anti-Chrétienne qui a fait tant de progrès dans l'Eglise du Seigneur. Que dirai-je encore ? Ce misérable Ecrivain ne laisse pas en repos les cendres du Pape Clément V; il l'accuse d'avoir eu l'avide cupidité de s'enrichir ; & peu content de l'avoir calomnié, en voulant le faire passer pour avare, il aggrave encore ce péché, si grave de lui-même, & qui *est la racine de tous les maux*, en lui imputant, par une fausseté encore plus odieuse, de s'être enrichi par la voye la plus injuste que l'on pût prendre, en supprimant l'Ordre considérable des Templiers, & en supposant dans cette vûe que cet Ordre étoit coupable de crimes énormes, quoiqu'il fut innocent, selon le même satyrique. Il termine cet indigne catalogue de calomnies & d'injures, en s'élevant de nouveau, & de la maniere la plus indécente, contre le Roi de Portugal & son Ministre, taxant derechef le premier de Prince sans aucun génie, & le second, d'homme qui ne mérite que de ramer. C'est ainsi que les gueux & la canaille s'injurient mutuellement ; encore ont-ils de la peine à employer des termes aussi grossiers & aussi méprisans que ceux que notre Jésuite a prodigués. Je pourrois vous dire encore qu'il

G iij

jette le titre de Janséniste à la tête de cent personnes aussi distinguées par leur science que par leur piété, Laïcs, Prêtres, Religieux, qui donnent tous des exemples dignés d'être suivis ; & qu'il le répete si souvent qu'il fait soulever le cœur. Mais ce titre est devenu maintenant un titre d'honneur ; il n'offense plus ; & je ne le compte point au rang des médisances & des calomnies qui font injure ; au contraire, tous ceux à qui on le donne, peuvent s'en glorifier. Enfin pour combler sa témérité, suivant l'usage de sa Société, il déclame & se déchaîne contre les écrits qu'il appelle médisans ; ce qui signifie proprement, qu'il est permis aux Jésuites de calomnier, d'injurier, de charger qui que ce soit d'opprobres ; mais que personne n'a la liberté de dire des Jésuites, même la moindre chose, qui ne soit à leur louange ; & moins encore d'avertir le peuple qu'ils séduisent, afin qu'il puisse se mettre en garde contre leurs pernicieuses pratiques.

XIXe RÉFLEXION.

» DE là naît une crainte très-légitime,
» que cette visite, au lieu de produire aucun
» bien, & de donner lieu à une réforme, ne
» cause des troubles sans aucun bon effet. »

Notre Auteur n'a point fait sur ces paroles les réflexions qu'elles demandoient. La premiere, étoit d'observer combien lesdites paroles sont injurieuses à Benoît XIV. Si la

viſite dont il s'agit eut été propoſée par quelque Jéſuite, comme pluſieurs l'ont deman-
dée, ſollicitée même en differens temps;
paſſe alors; on auroit pu lui dire, que non-
ſeulement les Supérieurs ne la croyoient
point avantageuſe, qu'ils doutoient même ſi
elle ne cauſeroit pas des troubles inutiles.
Mais peut-on dire la même choſe d'un Pape
qui a réſolu cette réforme, qui l'a ordonnée
par un Bref exprès; d'un Pape ſçavant, éclairé, très-inſtruit des affaires de l'Egliſe, & de
celles de la Cour de Rome qu'il a gouver-
née dix-huit ans comme chef, après l'avoir
régie près de cinquante ans en qualité de Miniſtre? Peut-on tenir ce langage à l'égard
d'un Pape ſur qui tomboit *le ſoin de toutes
les Egliſes*, & de tous les ordres Religieux;
qui connoiſſoit parfaitement les Jéſuites, où
du moins beaucoup mieux que la plûpart de
ſes prédéceſſeurs, & peut-être mieux que
tous ceux qui depuis Clément VII, ont occupé la chaire de Saint Pierre? Non: dire
qu'une viſite & une réforme commandée, *autant que beſoin ſeroit*, par un tel Pontife, ne
ſeroit pas ſeulement inutile, mais qu'elle
pourroit occaſionner des troubles ſans aucun
bon effet, c'eſt une audace injurieuſe, c'eſt
un diſcours inſolent; & en le tenant à ſon
ſucceſſeur immédiat, c'eſt vilipender non ſeulement ces deux Papes, mais de plus la dignité même du Souverain Pontife. Si un
Théatin ou un Franciſcain avoient préſenté
une pareille Requête à Paul V, ou à Sixte
V, je ne ſçais ſi ces Papes l'auroient lue avec
tranquillité; & ſi le pere Ricci l'eut préſen-
tée à Benoît XIV; je ne ſçais non plus s'il

G iv

ne s'en fût pas attiré de juftes-reproches , & s'il fut forti de fa préfence fans avoir eu auparavant la tête bien lavée , comme il le méritoit. Ces Peres fe croyent donc en droit d'infulter impunément les Papes que la mort a enlevés, parce qu'ils infultent ceux qui vivent encore ? Ignorent-ils que l'Eglife Romaine fe fait un devoir de foutenir ce que les Souverains Pontifes , qui ne font plus , ont fait & établi ? Si cela n'étoit pas , quel refpect auroit-on pour eux ? Quelle eftime en feroit-on ? Quelle confufion ! Quel défordre n'arriveroit-il pas , vû le changement fi fréquent des Papes , fi l'un détruifoit ce qu'auroit fait fon prédéceffeur ! Les Jéfuites voudroient que les décrets faits en leur faveur fuffent éternels & inébranlables ; & au contraire, que ceux qui ne font pas de leur goût, fuffent nuls & de nulle valeur. Voilà ce qu'ils dirent du Bref d'Innocent X , en faveur du refpectable Evéque d'Angelopolis , Don Jean de Palafox , parce qu'ils ne trouvoient point leur compte dans ce Bref. Ils dirent qu'il n'avoit aucune force, qu'il étoit nul, parce qu'il n'étoit point revétu de l'approbation du Confeil des Indes, quoique ni le Roi, ni ledit Confeil n'euffent jamais rien prétendu fur des Brefs de cette nature , & qu'ils l'euffent même déclaré expreffément dans leurs Arréts & Réglemens. Ils ajouterent que ce Bref étoit nul encore, par la raifon, difoient-ils , que les privilèges dont ils jouiffoient étoient inaltérables, qu'aucun Pape ne pouvoit y toucher, parce qu'ils leur avoient été accordés , pour ainfi dire , *à titre onéreux,* comme une reconnoiffance des grands fervices qu'ils avoient rendus ; qu'ainsi on devoit les considérer comme un contrat , & les qualifier plutôt d'engagemens que de privilèges. Ils disoient encore que leurs privilèges contenoient cette clause , que quand bien même ils seroient révoqués quant aux termes , cependant on ne pouvoit les révoquer en effet ; sur quoi ils alléguoient la Bulle , *Quantum Religio ,* de Paul V. C'est ainsi qu'ils s'autorisent tantôt d'une Bulle , tantôt d'une autre, mais sans en montrer aucune. Enfin , ils disoient contre ledit Bref d'Innocent X , que ce Bref citant deux Constitutions , l'une de Gregoire XV ; la seconde, d'Urbain VIII , que l'Eglise n'avoit point reçues , & qui n'avoient point eu d'effet , c'étoit une conséquence que le susdit Bref n'étoit d'aucune valeur. L'Auteur des Réflexions en devoit faire une aussi , à l'occasion de la menace que les Jésuites font au Pape , que son décret pouvoit occasionner des troubles. Mais je ne veux pas m'étendre sur cela : on n'a que trop vu à Lisbonne & à Rome de quels troubles ils vouloient parler ; *& l'on n'est pas encore à la fin.* Ces troubles sont tombés sur le Royaume de Portugal , & n'ont encore attaqué que la personne sacrée du Roi Très-Fidéle. Mais tous les poisons n'ont pas encore disparu du monde ; on n'en a point encore banni tous les couteaux , toutes les arquebuses , ces instrumens dont Henri IV ne put se garantir , quelque caresses qu'il ait faites aux bénits Peres ; & quoiqu'il les eût rappellés dans son Royaume , malgré le Parlement , malgré les plus sages & les plus fidèles des Membres de son Conseil ; quoiqu'enfin il les eût introduits de

G v

nouveau à fa Cour, cédant aux vives & pref-
fantes follicitations du Pape Clément VIII,
qui eut tout lieu d'éprouver depuis lui-même
l'ingratitude Jéfuitique, & qui eut un jufte
motif de fe repentir de fes démarches, & devant Dieu & devant les hommes.

XXe. RÉFLEXION.

» Il eft de plus très à craindre que cette vifi-
» te & cette réforme, loin d'être utile, ne
» puiffe caufer des troubles fans aucun bon
» effet : ce qui eft fur-tout à appréhender pour
» les pays d'outre-mer, dans lefquels l'Emi-
» nentiffime Saldanha fera obligé d'envoyer
» des Commiffaires, fuivant les pouvoirs qui
» lui en ont été donnés. On a toute la confian-
» ce poffible, dans fon Eminence, pour tout ce
» qu'elle fera par elle-même : mais il femble
» que l'on peut craindre, avec raifon, que par-
» mi fes Commiffaires il ne fe trouve des per-
» fonnes peu au fait des inftituts réguliers, ou
» qui n'ayent pas de bonnes intentions ; ce qui
» pourroit occafionner bien du mal «.

L'Auteur n'emploie qu'à des conjectures
toute la Réflexion qu'il fait fur ces paroles. Il
prévoit ce que feroient des Vifiteurs envoyés
par le pere Général, & quelle obéiffance les
Jéfuites prêteront aux décrets de la vifite du
Cardinal de Saldanha ; mais ce qui n'eft pas
encore, eft toujours incertain. Il conjecture
quelle a pu être l'intention de fa Révérence,
dans cet endroit de fon Mémorial. Je ne m'é-

loigne pas de ſa penſée, ni de ſes conjectures ;
mais tout cela reſte toujours douteux. L'Auteur
n'a pas vu ce que ces paroles renferment de
certain ; & c'eſt pour cela qu'il paroît étonné
que le pere Général , qui témoigne qu'il a
toute la confiance poſſible dans la probité &
dans le bon & ſage jugement du Cardinal de
Saldanha , ne l'ait pas de même dans le choix
de ſes délégués. Il eſt vrai que ce diſcours ſur-
prend , & qu'il ſemble contradictoire ; mais
non : c'eſt juſtement parce que ſa Révérence
a une grande eſtime pour la probité , les lumières & l'intelligence de ſon Eminence ; qu'il
craint , & avec raiſon , & qu'il y a une proba-
bilité qui approche de la certitude , que ce
Cardinal ne choiſira que des Commiſſaires qui
lui reſſemblent , c'eſt-à-dire , qui n'ayent que
Dieu en vue , qui ne cherchent que la vérité ,
la juſtice , le ſervice du Roi & leur propre
honneur , & qui ſoient incapables de ſe laiſſer
détourner du droit chemin , & de ce que la
juſtice demande d'eux , ni par l'attrait ſi puiſſant des riches préſens , ni par les plus fortes
recommendations , ni par les promeſſes les
plus flatteuſes d'être avancés & protégés. Il
importe peu aux Jéſuites que ces Commiſſaires non ſeulement ne ſoient pas au fait des
inſtituts réguliers, mais même de tout principe
d'autre ſcience ; & , prenez garde à ce que je
haſarde ; peu leur importe auſſi qu'ils ne ſoient
médiocrement bien intentionnés pour la
Compagnie , pourvu qu'ils ne ſoient pas
du nombre de ceux dont j'ai parlé plus haut,
qui ſeuls font peur aux Jéſuites : cela eſt ainſi,
cher ami. Les Jéſuites, avec cette courtoiſie
qu'on ne peut aſſez louer, conformément à

G vj

cet éloge que le Seigneur donna à cet Écono-
me infidèle, dont il eſt dit : *Le Seigneur loua
cet Econome injuſte de ce qu'il avoit agi prudemment ;* enfin avec cette prudence mondaine
& politique, qu'ils ſçavent employer, tournent toutes leurs penſées & tous leurs artifices
pour gagner & attirer dans leurs filets les ſots
& les méchans ; & il ne leur en échappe aucun, ſi ce n'eſt par quelque cas extraordinaire.
Pour ce qui eſt des gens vertueux, qui ont de
l'honneur, qui ſont juſtes, craignans Dieu,
qui reſpectent la vérité & la probité, qui n'ont
ni eſpérance ni crainte, ceux-là ne tombent
jamais dans leurs filets, quelques déliés qu'ils
ſoient. Mais le nombre de ces perſonnes eſt ſi
petit, que, quoique les Jéſuites ſçachent qu'ils
leurs ſont oppoſés, ils ne s'en inquiettent point.
Outre qu'ils ſçavent s'en débarraſſer par le
moyen de la calomnie & de la perſécution,
s'il arrive qu'ils leur faſſent encore un trop
grand obſtacle, ils s'en défont aiſément par
une autre voie plus abrégée & plus ſure. Ils
ont un ſecret que leurs Maîtres leur ont enſeigné, & qu'ils ont mis en œuvre à l'égard de
Sa Majeſté très-fidelle. S'il n'a pas réuſſi cette
fois, *c'eſt qu'il n'y a point de ſageſſe, point de
prudence, point de deſſein qu'on puiſſe faire valoir contre la volonté du Seigneur.* Quand les
Juges ſont de ces deux catégories, dont j'ai
parlé plus haut, ils ne font nulle difficulté de
ſe préſenter, de défendre quelque cauſe que
ce ſoit, même la mieux étayée, devant tel
Tribunal que l'on voudra. A combien de Tribunaux l'affaire d'Ambroiſe Guis n'a-t-elle
pas été portée depuis 38 ans ? En ont ils davantage reſtitué à ſes miſérables héritiers, mê-

me un fol des huit millions qui font demeurés
entre leurs mains lors de fa mort ? Pour voir
s'ils ont raifon , il fuffit de confidérer que fi ce
Procès a tant été tiré en longueur , cela ne
vient pas certainement des héritiers , gens
dans l'indigence , que leur pauvreté & la baf-
feffe de leur état ont laiffé fans protection , &
qui avoient grand intérêt de le voir finir : mais
cela n'eft venu que des Jéfuites, qui voudroient
que cette affaire ne fut jamais terminée. Ils
ont rempli le monde de leur babil ordinaire
pour jetter de la poudre aux yeux des ignorans
& des fots, en répandant par-tout qu'ils avoient
obtenu un Arrêt, en leur faveur, qui les dé-
claroit innocens, & leurs adverfaires calomniateurs, quoiqu'on ait feulement déclaré illé-
gitime un Arrêt produit par les derniers, rendu depuis environ vingt ans, qui n'influe point
fur la bonté de la caufe, mais qui accorde feulement aux infortunés héritiers la faculté de
faire faifir les biens des Jéfuites ; ce qu'ils auroient obtenu de nouveau avec d'autant plus
de facilité que les mêmes raifons fubfiftoient ,
comme elles fubfiftent encore , fans l'énorme
crédit des révérends Peres , qui ont fçu gagner
les Juges. Ils n'en fçavent pas moins qu'ils ont
tort , puifque , dès le commencement du procès , ils offrirent aux pauvres Plaidans cinquante mille écus, pourvu qu'ils euffent une
décharge générale : il eft probable, au refte,
que ce procès pourra revivre dans un nombre
d'années, jufqu'à ce qu'il ne refte plus aucun
rameau provenant dudit Ambroife. Le fieur
Rombaut de Viane n'a-t-il pas auffi perdu, au
Confeil de Brabant, un procès où il s'agiffoit
de trente mille florins , que fa femme avoit

confiée, comme un simple dépôt, au pere Janſens, Jéſuite, ſon Confeſſeur? Les Jéſuites en furent quittes pour nier ledit dépôt, & obtinrent une Sentence en leur faveur le 24 Septembre 1742, quoique les Comtes d'Harrac & de Koniſec, deux principaux Miniſtres de la Gouvernante, perſonnages très-intègres, équitables & incapables de ſe laiſſer corrompre, euſſent inſiſté pour faire rendre ledit dépôt, comme étant une choſe des plus juſtes & des plus ſacrées, & que pour juger l'affaire ſelon que la juſtice le vouloit, il ne fallut que le ſens commun & les ſeules lumieres de la raiſon. Je ne prétends point pénétrer dans les motifs des Juges; je ſçais ſeulement que pluſieurs des témoins qui furent en cauſe dans cette affaire, preſſés par les remords de leur conſcience, déſavouèrent formellement depuis ce qu'ils avoient dit, & avouèrent qu'on les avoit corrompus par argent; & que les principaux de ces fauſſaires furent fouettés par les rues de Bruxelles & marqués, après qu'il eût été procédé juridiquement contre eux, & qu'ils euſſent été convaincus. Combien d'autres affaires ne pourrois-je pas vous citer, ſi je voulois faire un dépouillement des ouvrages dont j'ai déjà fait mention, où on fait le rapport de cette multitude de cauſes dont les Jéſuites ne ſont ſortis victorieux que pour avoir rencontrés des Juges du caractère de ceux que le P. Général les deſire! Si je n'entre pas dans ce détail, c'eſt que les Ouvrages dont je veux parler ſont au jour depuis un nombre d'années, & que depuis longtemps ils ſont entre les mains de tout le monde.

XXIe. RÉFLEXION.

»PAR ces confidérations, le Général de la
» Compagnie de Jefus, &c. implore l'auto-
» rité de votre fainteté, afin qu'elle daigne
» pourvoir, &c. principalement à l'honneur
» de tout l'Ordre, de manière qu'il ne de-
» vienne point inutile au fervice de Dieu,
» au falut des ames & au S. Siége «.

L'Auteur des Réflexions s'étend beaucoup
dans cet article, & cependant il touche trop
légèrement le dernier point, dont il parle
page 176. Il eft vrai qu'il s'y étoit déjà arrêté, à la page 97 de fa Réflexion onzième,
& qu'il y avoit difcuté ces paroles du Mémorial : *que dans toutes les parties du monde les
Jéfuites prennent tous les foins poffibles pour
contribuer, felon leur foible pouvoir, à l'avan-
cement de l'honneur de Dieu & du falut des
ames.* Il devoit cependant obferver encore
avec quelle indécence les Jéfuites s'excufent
eux-mêmes des deux mains, en répétant jufqu'à deux fois, dans un écrit fi court, les
mêmes forfanteries qu'ils ont toujours à la
bouche, & dont ils farciffent leurs livres, de
manière qu'ils en ont importuné ; que dis-je ?
ennuyé & dégoûté tout le genre humain.
De plus, fi l'Auteur n'eut pas été fi avare de
fes connoiffances, il pouvoit ajouter, dans
cette vingt-unième Réflexion, beaucoup de
chofes qu'il a paffées fous filence dans la onzième, pour mieux faire fentir quel eft le

bien que les bénits Peres, ces hommes qui ont tant mérité de l'Eglise, se vantent de faire à l'Eglise même du Seigneur; &, s'il ayoit voulu être court, il pouvoit se conténter de faire voir que non seulement ils ne font pas le bien dont ils se vantent, mais de plus qu'ils ne le peuvent faire, vu leur doctrine détestable & anti-chrétienne. Il suffiroit, pour démontrer cette dernière proposition, de citer une sorte de prophétie de M. George Brown, Archevêque de Dublin, qui est de l'an 1558, c'est-à-dire, dix-huit ans après la fondation de la Société, & qui a déjà été imprimée en divers endroits, & tout recemment page 30 de l'Appendice: c'est à raison du temps où elle a été faite que je la nomme une espèce de prophétie. Mais si vous voulez une prophétie réelle, en voici une, c'est celle de sainte Hildegarde. Cette Sainte Abbesse vivoit dans le douzième siècle, & le Pape Eugène III a approuvé ses révélations.

,, Il s'élevera des gens, disoit cette Sainte,
,, qui s'engraisseront & se nourriront des pé-
,, chés du peuple; ils feront profession d'ê-
,, tre du nombre des Mendians; ils se con-
,, duiront comme s'ils n'avoient ni honte ni
,, pudeur; ils s'étudieront à inventer de nou-
,, veaux moyens de faire le mal; de sorte que
,, cet Ordre pernicieux sera maudit des sages,
,, & de ceux qui seront fideles à Jesus-Christ.
,, Le diable enracinera dans leurs cœurs qua-
,, tre vices principaux; la flatterie, dont ils
,, se serviront pour engager le monde à leur
,, faire des largesses; l'envie, qui fera qu'ils
,, ne pourront souffrir qu'on fasse du bien
,, aux autres, préférablement à eux; l'hypo-

,, crifie, qui les portera à ufer de diffimula-
,, tion pour plaire aux autres ; & la médi-
,, fance, à laquelle ils auront recours pour
,, fe rendre plus recommandables en blâmant
,, tous les autres. Ils prêcheront fans ceffe
,, aux Princes de l'Eglife, fans dévotion, &
,, fans qu'ils puiffent produire aucun exemple
,, de Martyre véritable, afin de s'attirer les
,, louanges des hommes, & de féduire les
,, fimples. Ils raviront aux véritables Pafteurs
,, le droit qu'ils ont d'adminiftrer les Sacre-
,, mens aux peuples. Ils enleveront les au-
,, mônes aux pauvres, aux miférables & aux
,, infirmes ; dans cette vûe, ils fe mêleront
,, parmi la populace ; ils contracteront fa-
,, miliarité avec les femmes, & leur appren-
,, dont à tromper leurs maris, & à leur donner
,, à eux-mêmes leur bien en cachette. Ils re-
,, cevront fans fcrupule toute forte de biens
,, mal acquis, en promettant de prier Dieu
,, pour ceux qui les leur donneront ; voleurs
,, de grands chemins, larrons, concuffion-
,, naires, ufuriers, fornicateurs, adultères,
,, hérétiques, fchifmatiques, apoftats, fol-
,, dats déréglés, marchands qui fe parjurent,
,, enfans de veuves, Princes qui vivent con-
,, tre la Loi de Dieu, & généralement tous
,, ceux que le démon engage dans une vie
,, molle & libertine, qui les conduit à une
,, perte éternelle, tout leur fera bon.

,, Or le peuple commencera peu à peu à fe
,, refroidir pour eux ; & ayant reconnu par
,, expérience que ce font des féducteurs, il
,, ceffera de leur donner. Alors ils courront
,, autour des maifons comme des chiens affa-
,, més & enragés, les yeux baiffés, retirant

,, le cou comme des vautours, cherchant du
,, pain pour se rassasier. Mais le peuple leur
,, criera : Malheur à vous, enfans de déso-
,, lation ! le monde vous a séduit ; le diable
,, s'est emparé de vos cœurs & de vos bou-
,, ches ; votre esprit s'est égaré dans de vai-
,, nes spéculations ; vos yeux se sont plû dans
,, les vanités du siécle ; vos pieds étoient vîtes
,, & légers pour courir à toute sorte de maux.
,, Souvenez-vous que vous ne pratiquiez au-
,, cun bien ; que vous faisiez les pauvres, &
,, que cependant vous étiez riches ; les sim-
,, ples, & que vous étiez puissans ; que vous
,, étiez de dévots flatteurs, de saints hypo-
,, crites, des mendians superbes, des sup-
,, plians effrontés, des docteurs légers & in-
,, constans ; d'humbles orgueilleux ; de pieux
,, endurcis sur les nécessités des autres, de
,, doux calomniateurs, de pacifiques persé-
,, cuteurs, des amateurs du monde, des am-
,, bitieux d'honneurs, des vendeurs d'indul-
,, gences, des semeurs de discorde, des Mar-
,, tyrs délicats, des Confesseurs à gage, des
,, gens qui arrangeoient toutes choses pour
,, leur commodité, qui aimoient leurs aises &
,, la bonne chere, qui achetoient sans cesse
,, des maisons, & qui travailloient sans re-
,, lâche à les élever ; de sorte que ne pouvant
,, plus monter plus haut, vous êtes tombés
,, comme Simon le Magicien dont Dieu brisa
,, les os, & qu'il frappa d'une plaie mortelle,
,, à la priere des Apôtres. C'est ainsi que votre
,, Ordre sera détruit à cause de vos séduc-
,, tions & de vos iniquités. Allez, docteurs
,, de péché & de désordre, peres de corrup-
,, tion, enfans d'iniquité, nous ne voulons

,, plus fuivre votre conduite, ni écouter vos
,, maximes. ,,

Les Jéfuites ne peuvent compter cette
fainte Abbeffe au nombre des *malveillans*,
des impofteurs, des ennemis de la Société,
ni des Janféniftes. Ils ne peuvent dire que
cette prophétie foit faite à la main, que ce
foit un œuvre de nos jours ; on la lit dans
le tome 15e. de la continuation des Annales
Eccléfiaftiques de Baronius par Bzovius. Ils
ne pourront pas dire non plus que c'eft de
mon chef que je leur en fais l'application.
Elle a déja été faite il y a 160 ans par M. Jerôme de la Nuzza, Evêque d'Albarafin & de
Balbaftro, au Royaume d'Arragon, que l'on
a eu deffein de canonifer, & qui l'auroit été
en effet, fi les Jéfuites, par leurs cabales,
n'euffent pas traverfé les procédures déja com-
mencées. Ladite application a été trouvée fi
heureufe, qu'on l'a faite auffi en France, où
la prophétie a été imprimée en François, pour
quiconque la veut lire & s'éclairer.

Ces prophéties, faites il y a tant de temps,
font plus que fuffifantes pour démontrer de
quelle efpece eft & a été le bien que les Jéfuites fe vantent de faire, comme s'ils étoient
le feul & unique foutien de l'Eglife & de la
Foi. Cette omiffion eft d'autant moins par-
donnable à l'Auteur des Réflexions, qu'à la
prophétie de Sainte Hildegarde, il pouvoit
joindre, ce que deux célebres Ecrivains ont
dit dans le même temps fur le même fujet,
Melchior Canus, Evêques des Canaries, &
l'un des Peres du Concile de Trente, &
Arias Montanus, Bibliothécaire de Philippe
II, homme très-pieux & très-fçavant, dans

une lettre qu'il adressa à ce Prince.

Notre Auteur est encore moins excusable de n'avoir pas rapporté le jugement que le Pere Henri Henriquez, Jésuite, a porté de la doctrine de son confrere Molina, dans un ouvrage imprimé en 1593, & les deux censures du même Ecrivain, dont l'une a paru en 1594, & l'autre en 1597, où il annonce tout le mal que feroit sa Société en suivant une pareille doctrine ; l'expérience a fait voir que ce Pere Henriquez étoit meilleur Prophête que le vénérable Pere Malagrida. De tout ce que ce Jésuite, Portugais de Nation, & Lecteur en Théologie à Salamanque, dit de son confrere Molina, je me contenterai de vous répéter seulement, qu'il atteste que dans son livre *de la Concorde*, il s'éleve contre les Peres de l'Eglise, comme contre des Hérétiques, qu'il blasphême contre eux, qu'il prépare la voye à l'Ante-Christ ; ce que Melchior Canus avoit déjà dit en partie, en qualifiant les Jésuites de Précurseurs de l'Ante-Christ. Le Pere Henriquez ajoute ensuite ces paroles très-remarquables : *S'il arrive que cette doctrine vienne à être soutenue par des hommes rusés & puissans, qui soient membres de quelque Ordre Religieux, elle mettra toute l'Eglise en danger, & causera la perte d'un grand nombre de Catholiques.* Tout cela s'est vérifié à la lettre, & toutefois, *le Sénat le sent, le Consul le voit ;* ou pour parler plus modérément, *il n'entend ni ne voit.* Je ne sçais pas trop bien s'il y a quelque chose de plus affligeant, de moins excusable, de plus nuisible, & qui rende plus criminel.

Un autre endroit des Réflexions qui mérite

encore plus la critique, c'eſt le diſcours de notre Auteur, dans lequel, s'adreſſant au Pape à la fin de ſa 21ᵉ. & derniere Réflexion, il le prie de réduire les Jéſuites à l'état de pauvreté. Dieu nous en préſerve. Maintenant qu'ils ſont riches, & qu'ils le ſont devenus en ſi peu de temps, ſi cependant on ne les voit occupés qu'à engloutir les plus gras héritages, à ſe procurer des legs conſidérables, à ſe faire faire des donations, à envahir toute eſpece de bénéfices; ſi en un mot ils ſont ſi ardens à s'engraiſſer par toute ſorte de voyes & de tous côtés; conſidérez, je vous prie, ce qui arriveroit, s'ils étoient réellement pauvres, & non par mocquerie ſeulement. Je dis, par mocquerie, car tout ce que l'on peut dire de moins, c'eſt qu'ils ne ſont pauvres qu'en apparence, parce que, ſi vous en exceptez leurs manteaux & leurs chapeaux, tout le reſte ne reſpire que magnificence, grandeur, luxe, & richeſſe exceſſive. On leur voit partout des maiſons, des métairies, des biens de toute eſpece, beſtiaux, vignes, fermes, argent, or, bijoux, & des revenus innombrables, &c. Il y a beaucoup d'autres remedes que l'Auteur auroit dû bien plutôt propoſer au Pape, & qui ont déjà été propoſés en effet en divers temps, comme ſeroit de leur ôter les Séminaires, les Confeſſions, les Congrégations ou Aſſociations, les Colléges. Le Pere Guillaume *Paſquelin*, Jéſuite, dans ſon livre intitulé, *Protocaſtaſis*, qu'il publia ſous le nom ſuppoſé de *Théophile-Eugene* (a), & où il parle de réduire ſa Société à ſon

---

(a) Ce livre parut en 1614, en Latin & en François in 8°., il eſt adreſſé à Paul V & à Louis XIII.

premier Inftitut, eft entré dans le même efprit ; mais par rapport aux écoles, il voudroit feulement qu'on les obligeât à n'enfeigner que la Doctrine Chrétienne. Mais on ne
peut pas même leur accorder cette liberté.
Premierement, parce que cet enfeignement
appartient de droit aux Curés ; ce font eux
que Jefus-Chrift & l'Eglife ont chargé de cette
fonction ; ils en doivent rendre compte à
Jefus-Chrift & à l'Eglife ; s'ils y manquent,
ils ne peuvent attendre que le châtiment le
plus févere de l'un & de l'autre. Au lieu que
les Jéfuites ne pouvant faire cette fonction
que volontairement, & comme un œuvre de
furérogation, s'ils y manquent, ils n'en rendent compte à perfonne, & l'on ne peut les
en punir. De plus, les Curés ne font pas feulement comptables d'avoir ou de n'avoir pas
inftruits leurs Paroiffiens, ils le font auffi de
la doctrine qu'ils enfeignent, fi elle eft ou
non conforme à celle de l'Eglife, à la tradition de leurs Diocèfes, & éloignée de toute
nouveauté. D'où il arrive que les Pafteurs ne
peuvent permettre à leurs ouailles d'abandonner celui qui eft chargé de les conduire, &
d'aller chercher ailleurs des pâturages, au
rifque d'en trouver de mauvais, d'empoifon-
nés, comme ceux des Jéfuites en matiere de
dogme & de morale, ainfi qu'il eft fi clairement démontré par les Bulles & les Brefs des
Papes Alexandre VII, Innocent XI, Alexandre VIII, Benoît XIV, & Clément XIII. Si
les Jéfuites fe fuffent fentis infpirés de Dieu,
& non par la vanité & le defir de paroître,
pour exercer ce miniftere fpirituel, ils auroient dû aller, pour l'exercer, dans les Eco-

les des Pasteurs, dépendre des Evêques, tant pour la maniere de catéchiser, que sur ce qu'il faut enseigner quant au dogme & quant à la morale. On devroit d'autant plus leur retirer les Écoles où ils enseignent, qu'on n'ignore point quels débats, quelles contradictions, quelles tempêtes ils ont eu à essuyer presque dans tous les lieux où ils ont voulu ouvrir ces Écoles; & combien on leur en a fait fermer. C'est ce qui est arrivé, entre autres, à Padoue, & dernierement à Turin, où le Roi Victor Amédée les a interdits; action qui a procuré les plus grands avantages à ses sujets, qui a mérité l'applaudissement de l'Europe entiere, & qui a fait tant d'honneur à son successeur qui a confirmé le décret de son prédécesseur; action qui a encore été imitée par la Reine de Hongrie. Il seroit encore plus important de leur ôter les Catéchismes, la Prédication, le Tribunal de la Pénitence, parce que dans toutes ces fonctions ils traitent de la Foi & de la Morale Chrétienne, & que sur ces articles ils sont infectés d'erreurs essentielles, ainsi que l'ont montré il y a un siécle les Curés de Paris, comme l'ont encore prouvé depuis tant de Théologiens, & comme l'ont avoué tous les Papes que j'ai nommés ci-dessus, par les Bulles & les Brefs qu'ils ont donnés pour condamner leurs erreurs. Un autre remede seroit de leur interdire toute entrée dans les Cours, de ne leur y accorder aucun poste, quel qu'il soit; & dans le cas où quelque Souverain seroit obligé, malgré lui, d'en accepter quelques-uns pour Confesseurs, ou pour quelques autres emplois, il faudroit les séculariser, avec injonction de ne plus rentrer dans la Société, même après avoir quittés la Cour; & leur faire pratiquer en effet ce que leur Général Aquaviva difoit, non de cœur, mais de bouche feulement, au Pape Clément VIII, *Qu'il ne convenoit point à des Religieux en général, & encore moins à eux en particulier, de fréquenter les Maifons des Grands.* (*Jouvancy, liv.* 16. n°. 39.)

L'Auteur des Réflexions auroit dû auffi donner plus d'étendue à fon ouvrage; un Appendice y eut été néceffaire; il y auroit fait voir, ce qui eft très-facile, que tous ces biens que les Jéfuites fe vantent tant de faire aux peuples, font en effet très-pernicieux. Je parlerai briévement de quelques-uns. En particulier de ceux qui donnent plus dans les yeux de la multitude ignorante, qui attirent le plus d'eftime & de réputation aux Jéfuites, & dont ces Peres font le plus d'étalage.

Commençons par les Ecoles & les Séminaires. Que les Ecoles des Jéfuites foient dommageables au public, notre Auteur l'a déclaré à la page 173 de fes Réflexions, & il en déduit en abrégé les raifons. J'y ajoute celle-ci : Outre la mauvaife méthode qu'ils fuivent, qui fait que leurs Ecoliers fortent très-ignorans de leurs Colléges, & que le plus beau temps de la jeuneffe fe perd à de froides vétilles Grammaticales, & à de puériles amplifications de Rhétorique, comme le Roi Très-Fidele le fait voir dans l'Edit qu'il vient de donner pour fupprimer les baffes claffes des Jéfuites, & comme beaucoup d'hommes lettrées l'ont démontré dans leurs écrits; outre cela, dis-je, les Jéfuites dérobent

bent aux familles des fils uniques, des héritiers naturels, & les meilleurs sujets, destinés à être l'appui & le soutien de leurs familles, &, conséquemment, ils enlevent à la
République ceux qui seroient les plus capables de remplir les charges publiques, d'exercer les emplois les plus importans, d'occuper
les postes les plus utiles. Que de choses j'aurois à dire sur cela, si je l'entreprenois ? Que
ce seroit un supplément abondant aux Réflexions de notre ami, à la critique que j'en
fais, & à ce que je vais dire des Séminaires !
Mais je ne veux pas trop m'étendre. Je passe
donc tout-à-coup aux Séminaires ; & je dis,
qu'outre les lettres humaines, les Jésuites devroient avoir un bien plus grand soin d'y enseigner la Religion & les vraies regles des
mœurs ; que ce devroit être là leur principale attention. L'Auteur des Réflexions, qui
étoit peut-être las d'écrire, ne dit que deux
mots, en courant, de ces Séminaires, à la
page 175. Je voudrois en dire davantage ;
mais je sens que quelque effort que je fasse
pour abréger la matiere, je serois toujours
trop long. Il me faudroit entrer dans l'histoire de tous & de chacun des Séminaires
confiés à ces bénits Peres ; d'autant plus que
chacun offre des choses nouvelles, toutes
aussi étranges qu'incroyables, soit dans le
gouvernement économique, soit dans ce qui
concerne les sciences, soit pour ce qui regarde
le spirituel. A l'égard du régime ou du gouvernement économique, je dirai seulement
que dans le Collége Romain, qui ne leur a
été accordé que sous la condition qu'ils ne s'y
mêleroient point du temporel, ils exercent

H

une autorité abfolue, qu'ils l'ont réduit au même état où vous fçavez qu'ils ont mis tous ceux où ils fe font établis, & qu'ils en ont fait une boutique vile & méchanique. De plus, ils n'ont jamais voulu rendre compte de leur adminiftration ; malgré le Concile de Trente, qui ordonne cette révifion (Seff. 23. chap. 18.) quoiqu'ils ayent été fommés juridiquement d'obéir à cette Ordonnance, ils ont toujours trouvé moyen de l'efquiver, à force de cabales, & par leur crédit, ou, pour mieux dire, par les violences de leurs dévots ; & quelque légitime que fût le jugement qui feroit rendu fur cela contre eux, & que l'on pourfuit, ils l'ont arrêté jufqu'à ce jour. Ne voyent-ils donc pas que, par cette conduire, ils s'avouent eux - mêmes coupables d'une mauvaife adminiftration ? Tout honnête homme à qui l'on a confié quelque geftion que ce foit, & qui s'en eft acquitté fuivant les loix de l'honneur & de la fidélité, n'a rien tant à cœur que d'en rendre compte lorfqu'il lui eft demandé ; il fçait que fon honneur y eft engagé. Après le Séminaire Romain, je pourrois paffer en revue les autres Séminaires qui font également entre les mains des Révérends Peres. Je dirai feulement quelque chofe de celui des Grecs ; il étoit fi bien renté dans le temps que le Cardinal Santorio en étoit le Protecteur, qu'on y entretenoit foixante-cinq éleves, à qui l'on fournifíoit tout ce qui leur étoit néceffaire pour le vétement, acheter des livres, & pourvoir à toutes leurs commodités particulieres. Du temps de Léon Allacci, qui a demeuré auffi en qualité d'éleve, ceux-ci étoient à peine dix-huit, à qui

même on ne donnoit plus ce que je viens d'expofer ; & cependant ce Collége avoit contracté des dettes, fans qu'il eût perdu un fou de revenu. C'eft ce qu'Allacci dit lui-même dans fon livre *de Ecclefiæ confenfu,* &c. l. 3. ch. 7. pag. 986. « Ce Collége, dit ce
» fçavant homme, a fleuri fous Jules-Antoine
» Santorio, Cardinal-Protecteur ; on y comp-
» toit foixante-cinq éleves, & à préfent, il y
» en a à peine dix-huit ; cependant les
» fonds font les mêmes, les revenus font
» toujours entiers. Et plût à Dieu que, quoi-
» que ce Collége ne foit plus ce qu'il étoit
» ci-devant, il ne fut pas encore endetté ! »
En qnel état eft-il aujourd'hui ? Chacun le fçait mieux que moi.

Venons à préfent à la doctrine qui s'enfeigne dans ces Séminaires. Je vois d'abord qu'il n'y a rien de plus déteftable que la méthode que fuivent les Jéfuites pour enfeigner les Langues dans leurs Ecoles & dans leurs Colléges, comme je l'ai déjà dit, puifqu'ils la fuivent pour tous fans diftinction, comme fi tous leurs Ecoliers étoient deftinés à donner des leçons publiques de Grammaire, & à le difputer à Prifcien. Parmi ces Ecoliers cependant, peut-être n'y en a-t-il pas un feul qui doive jamais en faire la fonction. Prefque tous, par exemple, n'apprennent la Langue Latine que pour entendre les ouvrages écrits en cette Langue ; cela leur fuffit ; ils ne demandent & ne veulent rien de plus. Les minuties Grammaticales leur font inutiles, & ne font qu'embarraffer la tête de ces pauvres jeunes gens, & à leur donner du dégoût, & de la haine même pour l'étude. Ajoutons, que la plus grande partie de ces regles est fausse, ainsi que l'a démontré le sçavant Sanctius dans sa *Minerve*, & comme Scioppius l'a fait toucher au doigt : aussi faisoit-il un grand scrupule de conscience aux Evêques, de permettre que dans leurs Séminaires on suivit, pour enseigner la Langue Latine, cette méthode longue, ennuyeuse & erronée. S'il y en avoit quelques-uns qui voulussent apprendre de plus à écrire en Latin, se former un style pur & châtié, il ne faudroit pas pour cela les conduire avec cet attirail de regles de Grammaire, mais par la lecture des bons Ecrivains, des Auteurs élégans, & s'appliquer à faire ensorte que les jeunes gens entendissent bien les ouvrages de ces Auteurs, & leur faire remarquer, en les lisant, les regles qu'ils ont suivi eux-mêmes en écrivant, & que les bons Critiques ont observées. Un autre défaut assez évident, c'est de se servir des Grammaires Latines pour enseigner le Latin ; c'est vouloir faire aller *de l'inconnu au plus inconnu.* Quoique les regles dé la Grammaire soient compilées en Latin, on doit cependant sentir qu'il ne faut les donner ainsi qu'à ceux qui ont déjà quelque intelligence de cette Langue, & non à ceux qui n'en entendent point encore le moindre mot. Je ne dis rien de la Langue Grecque ; sur cela tout est imposture chez les Professeurs Jésuites ; il n'y en a pas un qui sçache bien expliquer une seule phrase des harangues d'Isocrate. Aussi ne trouvera-t-on qui que ce soit, sorti des Colléges & des Séminaires de ces Peres, qui sçache même bien lire le Grec sans hésiter.

Pour ce qui est de la discipline & des regles

des mœurs, il me suffit de produire pour tout exemple ce qui se passe dans un seul Séminaire, dans celui où la discipline devroit être plus exacte, où l'on devroit enseigner les regles les plus sages, les observations les plus régulieres; je veux parler d'un Séminaire Episcopal, où l'on éleve ceux qui se destinent à l'Etat Ecclésiastique, & d'où l'on doit tirer les Confesseurs, les Curés, les Evêques, qui doivent être maîtres en Israël, & les modeles des Chrétiens sinceres & véritables. Il y a un pareil Séminaire à Rouen, un Séminaire Archiépiscopal, dirigé & gouverné par les Jésuites. Or ceux-ci, au mois d'Août 1750 (je vous cite la date, afin que vous n'alliez pas croire que ce que je vais vous raconter se soit passé du temps des bisayeux de notre grand-pere) : les Jésuites, dis-je, au mois d'Août 1750, firent un exercice pour l'instruction des Ecclésiastiques qu'ils avoient sous leur conduite, & pour leur inculquer une morale solide. Cet exercice consistoit dans un Ballet, une Farce, un Intermède, ou une Comédie, comme il vous plaira de l'appeller. Le *Plaisir* étoit un des Acteurs; il y dansoit moralement; & l'*Education* l'avoit choisi pour apprendre à la jeunesse ce qu'elle doit sçavoir & pratiquer. Peut-on concevoir quelque chose de plus étrange, pour ne pas dire de plus affligeant, mais aussi de plus conforme aux opinions Jésuitiques, que de voir sur un Théâtre des gens qui veulent se consacrer à la vie Ecclésiastique, se faire gloire de bien danser, & prendre le *Plaisir* pour le Maître qui doit leur apprendre à bien régler leurs mœurs? Qu'un pareil Maître oune Ecole, je vous affure qu'on n'auroit pas befoin d'envoyer un cartel de défi, pour lui procurer beaucoup de difciples; & qu'à une telle Ecole ils feroient un merveilleux progrès. Telle étoit l'Ecole d'Epicure. Que dis-je? Il y avoit deux fortes d'Epicuriens : les premiers fe livroient fans retenue au plaifir brutal des fens; les autres fe bornoient à des plaifirs modérés. Or ce n'eft point dans cette feconde claffe que les Jéfuites introduifent; le *Plaifir* qu'ils mettent fur la fcene, eft le *Plaifir mondain*, qui cherche la félicité dans les créatures, auxquelles on rend un honneur qui n'eft dû qu'à Dieu, qui peut faire feul le bonheur du Chrétien, qui doit être feul notre fin derniere, & l'unique but de toutes nos actions. Si j'entreprenois de vous dévoiler toute l'horreur & toutes les maximes Antichrétiennes que préfentent la defcription & le programme de la piece dont je vous parle, que les Jéfuites n'ont pas craint de publier, je vous ferois dreffer les cheveux à la tête. Vous pouvez au refte vous procurer ce que je ne fais que vous-indiquer; on l'a publié de nouveau avec une excellente critique. Ce Ballet n'eft point l'unique; il n'y a prefque point d'année que les bénits Peres ne donnent des pieces dans le même goût, fans parler de beaucoup d'autres, dont le moindre défaut eft de ne contenir que des inepties & des frivolités. Leur attrait pour les Comédies eft telle, que quelque condamnables que foien ces repréfentations, ils s'obftinent à en faire tous les ans; d'où il eft facile de conclure, à quels périls ils expofent la jeuneffe par ces pièces qui les empoifonnent. Mais ces Religieux les croyent compatibles avec la bonne éducation; & je n'en suis pas surpris; ils sont comédiens jusques dans les choses sacrées; & l'on peut dire d'eux, avec plus de fondement encore que Politien ne le disoit de certains autre Religieux, dans le prologue des Menecmes, *ce sont les plus grands comédiens.* Le goût & l'esprit d'Histrions ont pénétré jusqu'à leurs or, & jusques dans la moëlle de leurs os : & cela leur paroît une vertu héroïque, puisqu'ils s'en vantent, & qu'ils en font gloire. Ils ne se contentent pas de faire ces ballets, ces exercices théâtrals, ces comédies, dans l'enceinte de leurs séminaires, ils en font imprimer l'idée, la description, & l'envoyent partout. Ils traitent de même les choses saintes, comme je l'ai dit; ils les tournent en farces, en mascarades; ou, pour mieux m'exprimer, ils oublient entiérement dans quel esprit elles ont été faites; & ils voudroient le faire oublier aux autres. A Palerme, en 1567, les Jésuites voulurent prêcher la pénitence le premier jour du carême : rien de mieux, rien de plus saint, & de plus conforme à l'intention de l'Eglise. Mais comment l'entreprirent-ils ? Ils choisirent la nuit, & représenterent *le Triomphe de la mort;* ce fut le titre qu'ils donnerent à ce singulier sermon. Vous me direz peut-être, qu'ils l'empruntèrent de Pétrarque. Point du tout : c'étoit une pièce tout de leur invention. Celle de Pétrarque est toute poétique, & n'a qu'une même marche. Celle des Jésuites étoit un je ne sçais quel mélange de sacré & de profane, de poétique & de comique, de facétieux & de bas. La premiere entrée consistoit en trente cou-

ples d'hommes vêtus d'un sac de couleur cen‑
drée, ayant une torche à la main, selon la
description qu'en fait le Pere Sacchini ; venoit
ensuite un chœur de Sénateurs. Ce chœur
étoit suivi d'un Crucifix, qui étoit environné
des instrumens de la passion, avec beaucoup
de flambeaux, & de quatre jeunes gens travestis
en Anges. Puis trois cent pénitens entre des lan‑
ternes, qui ne rendoient que peu de lumière.
Ces pénitens se frappoient fortement le dos, &
l'on entendoit le bruit horrible des coups redou‑
blés qu'ils se donnoient ; le peuple en étoit saisi
d'étonnement; (mais non touché de componc‑
tion ; ce n'est pas là où tendent les Jésuites):
vous sçavez bien ; & qui est-ce qui ne le sçait
pas ? Que ces prétendus pénitens sont des hom‑
mes qu'on gage pour très-peu de chose, sembla‑
bles à ces gagne-deniers qui se contentent de
la plus légere monnoie, pour se battre dans
l'oratoire du Pere Caravita. Les pénitens
étoient suivis d'une troupe de Chantres & de
Musiciens avec des barbes postiches , & des
vêtemens qui avoient la figure de ceux des
Anachorettes ; ensorte qu'on pouvoit très‑
réellement appeller cette représentation une
véritable mascarade. Et, afin que vous ne
croyiez pas que je charge la peinture que j'en
fais , je vais vous rapporter les paroles mê‑
mes de l'historien de la Société, duquel j'em‑
prunte cette description. Au milieu, dit-il ,
marchoit un autre chœur, composé de chantres
pâles, avec de longues barbes, représentant des
Anachoretes. (Sacchini, troisième part. L. 3,
n°. 106.) J'ignore si pour paroître pâles &
décharnés ils avoient mis un masque, ou s'ils
s'étoient faits peindre le visage. On voyoit

après cela douze autres perſonnages , avec une figure telle que celle ſous laquelle on repré-ſente la mort. Or, pour ceux-là , il falloit qu'ils euſſent un maſque qui eût cette figure. Ils étoient montés ſur douze chevaux les plus maigres & les plus décharnés qu'on eût pu trouver ; & chacun d'eux portoit quelque enſei-gne de la mort. L'un d'eux ſonnoit de la trompette. Ils étoient tous environnés de tor-ches qui étoient portées par des hommes vê-tus d'habits de couleur livide. Toute cette marche étoit fermée par un chariot *fort haut* , *artiſtement travaillé* , c'eſt à-dire, ſi grand en hauteur qu'il touchoit aux toits : il étoit peint, & tiré par quatre bœufs noirs : le co-cher étoit traveſti , & repréſentoit le temps ; c'eſt-à-dire , qu'il paroiſſoit ſous la forme d'un viellard barbu & lent , avec ſes ſymbo-les. La mort étoit ſur le chariot , tenant une grande faux à faucher , avec pluſieurs autres ſymboles mis confuſement ; mais que je ne puis vous décrire. Ce détail m'ennuie & me dé-goûte ; vous pouvez le voir tout entier dans l'Hiſtorien Jéſuite , que j'ai cité : il fait de tout une pompeuſe deſcription ; &, ſelon lui, il la fait avec beaucoup d'éloquence ; parce qu'elle lui paroît une des plus ſublimes en-trepr-iſes que la Société ait faite. Il la con-clut en diſant que les ennemis même de la Compagnie furent forcés de l'approuver & d'en faire l'éloge : *Enſorte* , dit-il , *que tous ceux qui étoient dans l'uſage de blâmer tout ce qui partoit des Jéſuites , approuverent cette œuvre & la louerent.* Pour moi qui , comme vous le ſçavez , ne condamne pas tout ce que font les Jéſuites , mais ſeulement tout ce qui

H v.

ne s'accorde pas chez eux avec l'Evangile, je vous dirai que je n'aurois point approuvé cette bouffonerie. Je me souviens qu'en lisant l'Histoire de la Société, lorsque j'en fus à cet endroit, je me rappellai qu'étant enfant j'avois lu une pareille farce qu'on avoit faite autrefois, non pour prêcher la pénitence au commencement du Carême, mais pour divertir la populace dans le Carnaval. Je recherchai le livre où je l'avois vue, & je la trouvai dans la vie d'un certain Peintre, nommé Pierre de Cosme ; & en comparant l'une & l'autre description, je me suis apperçu que celle de la farce de Palerme n'étoit presque qu'une fidèle copie de la premiere, qui étoit plus ancienne. Au reste, je ne veux ni approuver, ni désapprouver cette maniere singuliere de prêcher la pénitence ; j'en abandonne le jugement aux deux premiers & principaux Prédicateurs de cette vertu, je veux dire, à saint Jean-Baptiste & à Jésus-Christ. Je ne crois pas qu'ils l'eussent beaucoup applaudi.

Dans la même année les Jésuites firent à Vienne une fonction, sans comparaison plus sainte, une sorte de comédie & de scène théâtrale ; il s'agissoit de la procession du S. Sacrement, où il n'est point question de personnages figurant la mort & ses symboles, ni de figure idéale & de pur caprice ; mais où il s'agit d'une vraie & réelle personne divine, hypostatiquement à sa très-sainte humanité, cachée sous les espèces Sacramentelles. Cependant l'Historien de la Société, déjà cité, dit (ibid. n°. 120.) qu'on ne vit jamais de procession plus solemnelle. Les écoliers com-

mençoient la marche, rangés trois à trois;
au milieu de chaque file étoient deux Gentilshommes avec des flambeaux allumés : venoient enfuite *une troupe d'Anges*, c'eft-à-
dire, de jeunes gens traveftis en Anges, avec
différens ornemens. Après eux étoient tous
les joueurs d'inftrumens de la Ville, qui devoient certainement faire une harmonie bien
entendue. Suivoit une feconde troupe d'Anges, mais bien plus mal-adroits que les
joueurs d'inftrumens : cette feconde troupe
fe contentoit de faire raifonner alternative-
ment une petite clochette ; ce qui formoit
un fon défagréable & ennuyeux. Cette marche étoit fermée par les penfionnaires où les
éleves du Collège. Suivoit le pere Magi, qui
portoit le Saint Sacrement fous un dais, dont
un des côtés étoit porté par M. le Nonce,
& l'autre par plufieurs Nobles. Il y avoit
avant le Saint Sacrement un autre Gentilhomme, orné de guirlandes, qui jettoit des
fleurs tout le long du chemin par où paffoit
le Pere Recteur. Enforte qu'on ne voit pas,
felon la narration de l'hiftorien, qui étoit l'objet principal de tout cet honneur ou le Saint
Sacrement, ou le Pere Recteur. Il femble que
fi l'on eut eu intention d'honorer, le Verbe-
Incarné, on auroit dû mettre le Saint Sacrement entre les mains du Nonce ou de l'Archevêque ; & de faire porter le dais par le Pere
Recteur. Mais le Nonce étoit un Prélat; & il y
a plus d'un Prélat qui eftime tant les Jéfuites,
que .... Mais, par charité, n'en difons pas
davantage. On avoit élevé, dans un endroit
fixé, un arc de triomphe, fur lequel on voyoit
dans douze niches, douze jeunes enfans de

douze nations différentes, habillés en Anges, lesquels firent, l'un après l'autre, un petit compliment à Jesus-Christ, chacun dans sa langue. En 1640, lorsque les Jésuites voulurent solemnifer à Goa la premiere année séculaire de leur inftitut, ils firent fabriquer un superbe char de triomphe, où la Société étoit repréfentée avec la plus grande pompe qu'ils avoient pu imaginer. Ils avoient choifi nn certain nombre de leurs Ecoliers, qu'ils traveftirent en Anges; & au-deffus d'eux on voyoit plufieurs Jéfuites placés. Ce char de triomphe étoit précédé d'une mufique délicate, & fuivie d'une autre toute militaire, compofée de trompettes & de tambours; & de diftance en diftance on faifoit une décharge d'armes à feu, aux endroits où paroiffoient fubitement d'autres écoliers, à qui l'on avoit donné la forme de démons : ceux-ci feignoient de ne pas vouloir laiffer paffer le char; ce qui obligeoit les Anges à en venir aux mains avec les diables. Cette orgueilleufe proceffion fut troublée par un événement fingulier. Le char fut arrêté par un trou où une des roues étoit entrée; les Anges n'ayant pu l'en retirer, il fallut avoir recours aux diables; & ce ne fut qu'après qu'ils eurent prêté leurs mains, que le char put continuer fa route. Que vous dirai-je encore? La Congrégation *de Auxiliis* ayant été terminé, fans qu'on y eût condamné Molina, comme la Congrégation elle-même, & deux Papes en avoient pris la réfolution, les Jéfuites en firent partout des fêtes, qu'ils folemniferent par différentes comédies. Ils donnent auffi quelques fois de ces fpectacles à l'ouverture de leurs claffes, felon le même Sacchini (l. 4 , n°. 30.) peut-être pour montrer qu'ils n'enseignent leurs écoliers que par mocquerie , & qu'ils en font en effet des ignorans.

Sur tout ceci, cher ami, faites au moins ce peu de réflexions. 1°. Que les Jésuites *sont les plus grands Comédiens qu'il y ait* : 2°. qu'ils le font dans les choses les plus sérieuses, les plus graves & les plus saintes : 3°. qu'ils s'en glorifient jusques dans leurs Histoires, quoiqu'écrites avec tant de mesure : 4°. Que si dans un petit nombre de pages desdites Histoires on lit deux Actes théâtrals, aussi étonnans que ceux que je viens de vous rapporter , & cela à peu de jours de distance l'un de l'autre , combien les autres Volumes n'en offriroient-ils pas encore , quand on ne voudroit même s'arrêter qu'à ceux qui ont fait le plus de bruit ! 5°. que ce goût pour les Pièces de Théâtre fait tellement partie d'eux-mêmes , qu'il se fait sentir dans toutes leurs actions , dans tous leurs discours, tout étant marqué chez eux au coin de la fiction : 6°. qu'il n'est pas possible de leur enlever ce masque qui leur est devenu naturel. Et en effet, selon le récit même du pere Sacchini , peu s'en fallût que dans une de ces Pièces , qui fut représentée sur le Théâtre du Collège des Allemands , par les Ecoliers du Collège Romain , ces Ecoliers n'en vinssent aux mains, même avec des couteaux , avec quelques-uns des Elèves ou Boursiers , & qu'il ne s'en suivit plusieurs meurtres en présence du pere Général , qui étoit alors saint François de Borgia. Cependant, malgré cet événement, les Jésuites ont toujours continué sans ombre d'interruption, de repréſenter ces ſortes de Piéces, principalement chaque année, au temps du Carnaval : & c'eſt là le moindre mal. Dans ce temps-là, du moins, où tous les Théâtres ſont ouverts, on fait moins d'attention à celui des Jéſuites : il ſe perd, pour ainſi dire, dans la foule. Le pire eſt, qu'ils le rouvrent pour le moindre ſujet, dans les circonſtances même où ils devroient le fermer, & le cacher s'il étoit poſſible. Les Jéſuites de Fribourg veulent-ils recevoir avec ſolemnité un nouvel Evêque, au lieu de le recevoir à l'Egliſe, & aux pieds des Autels, afin de pouvoir dire, comme il convient à l'Oint du Seigneur : *Je me préſenterai à l'Aut l de Dieu ;* ils le reçoivent ſur un Théâtre, où ils font réciter une Tragédie, Comédie, Farce, Repréſentation, comme vous voudrez dire ; car je ne ſçais quel nom lui donner. Vingt-deux Interlocuteurs paroiſſoient dans cette Pièce ; dont deux Théologiens Moraux, quatre Philoſophes, & le reſte compoſé d'Ecoliers. Le Pape Sergius étoit un de ces perſonnages. Une ſemblable réception ſcandaliſa M. Louis-Charles Dupleſſis d'Argentré, lorſqu'il vint prendre poſſeſſion, dans le Carême de 1759, de l'Evêché de Limoges, pour lequel il venoit d'être ſacré. Les Jéſuites lui avoient préparé une Tragédie, une Paſtorale & un Ballet, pour leſquels ils firent perdre plus de trois mois aux Ecoliers qui devoient être Acteurs. Le Théâtre fut adoſſé au mur de l'Egliſe, afin que le lieu fut en quelque ſorte ſacré, parce que la ſcène devoit être jouée dans le temps le plus ſaint de l'année. Le concours fut ſi grand qu'on fut obligé de placer Monſeigneur entre deux Dames, dont l'une étoit habillée fi peu modestement (scrupule que le pere Benzi auroit bientôt fait évanouir) que le Prélat fut contraint d'avoir toujours la vue tournée d'un autre côté. Il se passa tant de désordres que les bénits Peres eurent à essuyer beaucoup de huées : mais ils les souffrirent *avec l'humble soumission qu'ils devoient*, les paroles & les huées ne rendant pas plus maigres.

Ce qui arrriva à Clermont-Ferrand fit encore plus d'éclat. Le neuvième d'Août de la même année, les Jésuites y firent représenter une Tragédie, intitulée : *Saint Louis dans les liens*. Le pere Laverdin, qui faisoit les honneurs, ayant repoussé avec violence une jeune Demoiselle, fille d'un Officier, à laquelle il donna même un soufflet ; & ayant renvoyé pareillement un Notaire, avec des paroles injurieuses qui firent beaucoup de peine à toute l'assemblée, la Demoiselle se jetta sur le révérend Pere, le mordit, l'égratigna, le renversa à terre & le foula aux pieds : sa Révérence se releva le visage ensanglanté ; mais quelque disgracieuse qu'une pareille scène eût dû être pour lui, il se consola à la vue de la multitude de billets qui avoient été distribués, & que les bons Peres ne donnoient pas pour un prix médiocre : ce n'est pas seulement en Europe qu'ils jouent la Comédie ; ils font la même chose jusques dans le fond de l'Asie. Faites attention à ce que les Prêtres des Missions Françoises disent dans le deuxième Mémoire qu'ils ont présenté à M. de la Baume, Evêque d'Halicarnasse, lorsqu'il arriva à la Cochinchine avec la qualité de Vicaire & de Visiteur

Apoſtolique pour cette Miſſion.

» Vous ſçavez, diſent-ils, que les Jéſuites
» permettent les Comédies des Payens, qu'ils
» les approuvent de vive voix & par écrit, &
» qu'à leur exemple, ils ſont eux-mêmes
» Acteurs, & récitent pareillement de ces ſor-
» tes de Pièces. Vous avez vu qu'ils avouent,
» dans leurs écrits, qu'ils montent ſur le
» Théâtre, & qu'ils ne font nulle difficulté
» d'y repréſenter eux-mêmes quelque Scène
» ou tragique, ou comique ».

Il n'eſt donc pas étonnant qu'ils permettent aux Chrétiens d'aſſiſter aux Comédies des Payens, quelques ſuperſtitieuſes, quelques idolatres qu'elles ſoient, & qu'il ſe paſſe encore plus d'obſcénités ſur leur Théâtre que dans le Parterre. C'eſt ce qui a obligé le Proviſeur de M. d'Halicarnaſſe, dont je viens de parler, de rendre un décret pour condamner la Propoſition ſuivante, que les Jéſuites ont inſérée dans une Inſtruction d'un Grand-Vicaire qui leur étoit dévoué : *Tous les Docteurs de l'Egliſ décident qu ce n'eſt point un péché grave d'aſſiſter aux Spectacles, lorſqu'on y vient ſans mauvaiſe intention.* Il eſt certain, au contraire, que les Docteurs de l'Egliſe diſent tout l'oppoſé ; que, d'ailleurs, cette Propoſition eſt une approbation des Spectacles de la Cochinchine, qui ſont tous certainement conſacrés aux Idoles, & indécens juſqu'à l'impudence. Voulez-vous quelque choſe de plus ? Dans ce temps-ci même, que tous les yeux ſont ouverts ſur eux, qu'il y a contre eux un ſoulèvement général ; ils ont eu la témérité & l'inſolence de faire repréſenter, par leurs Ecoliers, dans leur Collége de Valladolid, une Comédie dans laquelle ils ont accumulé les railleries, les bouffonneries, les actes de mépris les plus impertinens, pour tourner en ridicule le Roi de Portugal, ses Ministres & ses Juges d'Eglise. Faut il donc être surpris qu'on ne trouve, dans tout ce qu'ils disent & dans tout ce qu'ils font, que des fables, des apparences, des fictions, des intrigues de Théâtres ; que tout y soit masqué, métamorphosé ; que toute leur conduite ne soit qu'une Comédie continuelle, ou plutôt une Tragi-Comédie ; car la fin est toujours agréable pour eux, au moins dans leur intention ; & qu'à l'égard du genre humain, qui semble en être le spectateur stupide & enforcellé, & qui les prend pour autant de vérités, elle est toujours funeste : & puisque j'ai nommé M. de la Baume, je dois vous ajouter que ce Prélat n'a que trop éprouvé combien les Jésuites sont Comédiens. Dès qu'il fut arrivé à Macao, comme il avoit toujours été de leurs amis en Europe, il alla les voir, & il en reçut les plus grandes politesses ; ce qui continua pendant les sept mois qu'il fut obligé de demeurer dans cette Ville, en attendant qu'il put s'embarquer : mais il eût tout lieu de se persuader depuis que leurs belles paroles, & leurs manières affables, n'étoient que le premier acte de la Tragédie qu'ils lui préparoient. En effet, ils mirent toujours sourdement obstacle à son embarquement ; & quand il ne leur fut plus possible de l'empêcher, ils le firent arrêter lui-même ; & pour cacher leur jeu, ils coururent lui en faire leurs condoléances. Voilà le bien que font les Jésuites avec leurs Colléges & leurs Séminaires : une expérience aussi ancienne, aussi constante qu'elle eſt évidente, ne le prouve que trop.

Ainſi, pour connoître la vérité de leurs pa-roles, il faut toujours les prendre à rebours; & pour n'être point trompés, lorſqu'on les entend ſe vanter du grand bien qu'ils ſont au genre humain, il faut ſe perſuader que ce bien n'eſt qu'un ſoporatif des plus dangereux, que c'eſt même une peſte, la plus propre qu'il ſoit, pour détruire tout ce qui pourroit être utile & avantageux à l'Egliſe & à l'Etat. Leurs Col-léges que l'on loue, leurs Séminaires qu'on élève ſi haut, ſont la choſe la plus pernicieuſe qu'il ſoit poſſible d'introduire dans un Royau-me, dans une Province, dans une Ville. Il eſt ſi évident que ces établiſſemens, confiés aux Jéſuites, ſont extrêmement nuiſibles, que toutes les nations en ont vu les effets les plus déplorables, & qu'ils en ont jetté les hauts cris; & qu'avant même que ces Colléges & ces Séminaires leur euſſent été accordés, toutes ſe ſont fortement oppoſées à leur éta-bliſſement; parce qu'elles prévoyoient toutes, & très-clairement, que rien ne ſeroit *pour l'é-dification, mais tout pour la deſtruction*, comme la Sorbonne le prophétiſa, lorſqu'elle étoit la Sorbonne, & avant qu'elle ſe fut rendue, comme elle l'eſt aujourd'hui, l'eſclave des Jéſuites, qui l'ont corrompue, & qui l'ont avilie au point où elle eſt.

Voilà, encore une fois, ce qui a fait que par-tout où ils ont voulu obtenir de ces éta-bliſſemens, dont je viens de faire mention, ils ont trouvés les oppoſitions les plus fortes, des répugnances très-marquées, des débats qui auroient dégoûté les plus intrépides. Mais les Jéſuites ont ſurmonté tous ces obſtacles;

& à force d'artifices, de feintes, de promesses
fausses, de mensonges, de cabales, de vio-
violences ; & par le bénéfice du tems qui leur
a toujours été favorable, de même que par
leur orgueil incapable de céder, ils sont parvenus à leurs fins. Il faut cependant en excepter quelques lieux, où ils n'ont jamais pu
rompre les digues qui s'opposoient à leur entrée : tels sont plusieurs Villes de France, qui,
par une prudence qu'on ne peut trop louer,
les ont constamment rejettés. Vous vous res-
souvenez certainement d'avoir lu, dans plusieurs écrits, de quelle manière ils s'y sont
pris pour s'établir à Paris, & dans diverses autres Villes de France, de même que dans d'autres Royaumes & Etats ; comment ils ont af-
fecté par-tout l'humilité des Apôtres & des
autres Prédicateurs de la Foi, quoique, dans
la vérité, ils ne fussent occupés que de leurs
propres intérêts, qu'ils ne sacrifiassent qu'à
leurs vues ambitieuses, & qu'ils ne se soient
soutenus que par la cabale & la violence.
Leurs propres Histoires sont pleines de ces
faits ; mais ils y sont tous ridiculement fal-
sifiés, selon leur méthode ordinaire. Cependant le pere Bouhours, dans la vie de saint
Ignace, est forcé de convenir qu'un Docteur,
ami de l'Evêque de Paris, qui étoit alors
Eustache du Bellai, disoit par-tout que la
nouvelle Société avoit je ne sçais quoi de
monstrueux, qu'elle ne subsisteroit pas, &
qu'il vaudroit mieux faire du bien à des man-
dians & à des vagabons, qu'à ces nouveaux
Religieux ; qu'enfin on ne devoit pas les recevoir dans le Royaume, & qu'on devroit les
en chasser s'ils y étoient admis. Prenez, je

vous prie, ce fait comme un échantillon de beaucoup d'autres. Lorsque les Jésuites (dit le pere Jouvenci, l. 13, n°. 130,) obtinrent la permiffion de fonder un Collége à Louvain ; ce ne fut que fous la condition qu'ils n'y auroient point de claffe ouverte, afin de ne porter aucun préjudice à l'Univerfité de cette Ville, fi célèbre, fi utile, qui a véritablement *bien mérité de l'Eglife*, & qui eft fort ancienne : mais en même temps qu'ils promettoient ce que l'on exigeoit, ils n'avoient réellement d'autres vues que de renverfer cette Univerfité, comme enfin ils n'y ont que trop réuffi. Dès 1568, ils préfentèrent une Requête à la Faculté de Théologie, qui faifoit partie de ladite Univerfité, tendante à obtenir la liberté de pouvoir, dans leur Collége, conférer à leurs Ecoliers les dégrés doctoraux, ce qui étoit un moyen affuré pour ruiner l'Univerfité ; comme l'expérience l'a fait voir à l'égard du Collége de la Sapience à Rome, où l'on ne prend plus que rarement, & par une néceffité particulière, le dégré de Docteur en Théologie, ayant la liberté de s'en faire revêtir chez les Dominicains & chez les Jéfuites ; d'où il arrive que les études deftinées aux Sciences divines font toutes abandonnées dans ledit Collége. La Requête des Jéfuites ayant été mal reçue, le génie altier de ces Peres ne léur permit pas de fe tenir en repos ; un refus les a toujours irrités. Ainfi, en 1581, ou l'année fuivante, ils dreffèrent une autre Requête qu'ils préfentèrent au Prince de Parme, Gouverneur des Pays-Bas, qui la renvoya au Confeil de Brabant, où elle fut rejettée. Les Jéfuites , plufieurs fois rebutés n'eurent garde de ceffer leurs pourfuites. En 1594 , ils firent un nouveau Mémoire , fous une autre forme que les deux précédentes Requétes ; & ils l'adreffèrent à un autre Tribunal , je veux dire au Confeil privé , où ils efpéroient avoir un meilleur fuccès. Ils fe contentèrent de demander la liberté de faire faire feulement dans leur Collége le cours de Philofophie ; & n'ayant pas eu de peine à l'obtenir , ils fe hâtèrent de faire fçavoir, par toute la Ville , qu'ils commenceroient ce Concours le 13 Janvier 1595. Mais l'Univerfité , qui comprit bien que la Philofophie feule n'étant pas une étude convenable à des Réguliers , ils ne tarderoient pas à y joindre celle de la Théologie , eut recours au Pape , de qui elle tenoit fes priviléges. Clément VIII , qui étoit alors affis fur la Chaire de S. Pierre , donna , en conféquence , un Bref , daté du 12 Septembre 1595 , par lequel il défendit aux Jéfuites d'enfeigner la Philofophie à Louvain , fous peine d'attentat contre le S. Siége , à qui le jugement de ces affaires appartenoit. Les Jéfuites, qui vantent tant tant leur obéiffance aux Papes , à quoi ils s'engagent , en effet , par un quatrième vœu , mais qui ne connoiffent que le mot d'obéiffance , & la méconnoiffent dans le fait , à moins que leurs intérêts ne les engagent à cette obéiffance ; ce que je vous ai déjà fait obferver ailleurs, mais ce qu'on ne peut trop répéter , ne fe foumirent point au Bref. Le Pape informé de leur défobéiffance, en donna un deuxième le 16 Mars 1596 , & l'adreffa au Général Aquaviva, lui enjoignant, en vertu de la sainte obéissance, de mettre le premier à exécution, sous peine d'excommunication. Les Jésuites se soumirent en apparence, mais avec l'intention de ne pas persévérer, & d'attendre du temps qu'ils trouvassent un moyen de se retourner autrement, & de se déclarer contre le Bref. C'est ainsi qu'ils se sont conduits dans l'affaire de la canonisation projettée de Bellarmin. Deux fois ils l'ont tenté de lui faire accorder cet honneur; ils ont échoué autant de fois. Ils feront une troisième tentative; & si elle ne réussit pas, attendez-vous qu'ils en feront une quatrième, une cinquième, & davantage s'il le faut. Conformément au dessein qu'ils avoient formé, ils commencèrent, en 1612, à enseigner la Philosophie aux jeunes Religieux de leur Ordre, dans leur Maison de Louvain. L'Université sentit bien que cette entreprise finiroit par attirer peu à peu, & comme à la sourdine, à leurs leçons, ceux même des Ecoliers qui ne suivoient point leur institut; ce qui l'obligea à leur députer un membre de chaque Faculté, pour leur rappeller les Brefs de Clément VIII, qui leur défendoient d'admettre, dans leurs Ecoles, ni les Séculiers, ni les Réguliers. Les Jésuites répondirent, mais non avec leur humilité & leur bonne foi ordinaires, que si l'on prétendoit les gêner ainsi, l'Université devoient prendre garde qu'ils n'ouvrissent hors de la ville une Ecole de Philosophie, qui leur seroit plus préjudiciable que s'ils en avoient une dans la ville même. Pour effectuer cette menace, ils jetterent la vûe sur la ville de

Liége, très-voisine de Louvain, & qui ne dépendoit point du gouvernement de la Flandre; &, au mépris du Pape, du Roi d'Espagne & de ses Ministres, ils penserent à y ouvrir une école non-seulement de Philosophie, mais aussi de Théologie. L'année suivante 1613, ils commencerent par y enseigner la Philosophie; & ils le firent notifier à toutes les Provinces voisines, où ils envoyerent exprès; & afin de mieux amorcer la jeunesse, ils promirent de conférer les dégrés ordinaires jusqu'au Doctorat inclusivement, ou de les faire conférer gratuitement : ils promirent aussi de faire nommer leurs écoliers aux bénéfices, & autres dignités, & de leur procurer d'autres avantages; sans s'embarrasser si, par cette conduite, ils manquoient aux paroles qu'ils avoient données; l'Université & les Magistrats de Louvain s'adresserent à l'Archiduc Albert, à qui ils firent voir le préjudice que cette entreprise des Jésuites apportoit à une Universerfité qui étoit de son gouvernement, & au bien de ses sujets. En conséquence, l'Archiduc manda le Provincial de la Société, qui par modestie ne daigna point de se rendre à l'ordre : il envoya le Recteur du Collége de Liége; mais ce Pere n'ayant pu donner aucune raison satisfaisante, il fut congédié avec les défenses les plus axpresses de continner à ouvrir les classes dont il s'agissoit. Le Recteur se retira irrité; mais sans faire aucun compte de ce qu'il venoit d'entendre, comme si ce n'eût pas été à lui qu'on eût parlé, & avec le dessein de ne point obéir. L'Archiduc fit écrire alors au Pere Provincial, que si les Jésuites ne se rendoient pas promptement, il feroit fermer l'école de Philofophie qu'ils avoient à Douai. Les Jéfuites, rebelles comme à leur ordinaire, mirent toute l'Europe en mouvement, par le moyen de leur Général, pour rendre fans effet l'ordre qui leur avoit été donné ; enfuite, ils firent jouer tous les refforts de leurs intrigues pour gagner du temps, & tirer l'affaire en longueur. Enfin, ils firent partir leur Procureur de Flandre, avec leur Pere Servius, pour donner un dernier affaut à l'Archiduc. Ce Prince refufa de les entendre, & les renvoya à fon Confeil, qui, fur de nouvelles informations, arrêta que l'école de Douai feroit fermée, ou que l'on renverroit fur le champ, tous les écoliers de Liége à leurs parens. Le décret eft du 19 de Novembre 1613 ; & comme il dépendoit entierement de l'Archiduc de le faire exécuter, les Jéfuites eurent peur. Ils ne fe donnerent pas néanmoins pour vaincus ; ils envoyerent leur fameux Pere Leffius, avec quelques autres des plus rufés de leurs confreres, pout tâter l'Archiduc ; qu'il leur répondit que, pour leur faire plaifir, il ne vouloit point faire ni tort, ni préjudice à fes fujets. Vous croyez, fans doute, que l'orgueil Jéfuitique abbaiffa fur cette réponfe, *l'enflure de fes flots*. Vous vous trompez. Ils fe tournerent du côté de l'Evêque & Prince de Liége, fans s'inquiéter s'ils alloient le compromettre avec le Gouverneur des Pays-Bas, & peut-être allumer le feu de la difcorde avec affez de violence pour ne pouvoir plus être éteint. Les Jéfuites ne font pas grands amis de la paix ; ils trouvent plus, au contraire, leur compte dans la diffenfion ; c'eft fur elle qu'ils appuyent leur

doctrine

doctrine morale. Actuellement encore cher-
chent-ils autre chofe, qu'une rupture entre
la Cour de Lisbonne & celle de Rome , qui
n'y prend pas garde, & qui fe fie à eux & à
leurs Confeils? Quoique l'Evêque de Liége
leur fût dévoué, il n'eut pas cependant le courage de les foutenir ouvertement ; il voyoit
clairement que le fort étoit de leur côté : ainfi
il propofa un accommodement , qui feroit
que dans le Séminaire de Liége il leur feroit
libre de donner des leçons de Philofophie ,
même aux écoliers féculiers , mais feulement
à ceux que la pauvreté mettroit hors d'état de
donner le falaire qui eft d'ufage dans les Colléges de Louvain. L'Univerfité , voyant que
la charité étoit ici de moitié , confentit à cet
accord , mais fous cette condition , que les
Profeffeurs feroient féculiers, & tirés du corps
de l'Univerfité. Les Jéfuites le promirent, &
ne tinrent pas parole. Depuis ce temps-là ,
au contraire, ils s'emparerent de force du Séminaire Epifcopal de Liége , où l'on voyoit
des hommes très-refpectables, que les Jéfuites taxerent publiquement d'hérétiques Nef-
toriens ; pendant que les bénits Peres fe donnoient pour des hommes très-zélés pour la foi
Catholique ; quoique dans la vérité ils ne fuffent que d'outrés défenfeurs de leur doctrine
perverfe & anti-Chrétienne : auffi n'enfeigne-
rent-ils que leur Molinifme, leur probabilif-
me, & leur horrible morale. Toute l'hiftoire
de l'ufurpation de ce Séminaire a été écrite
en détail, & donnée avec les preuves authentiques, dans un volume *in*-12 , que tout le
monde connoît. Mais fi les Séminaires qui font
entre les mains des Jéfuites font mal dirigés,

mal conduits; c'est bien pire encore quand il arrive qu'on leur confie des Séminaires Epiſcopaux; ce n'eſt qu'au détriment de ces maiſons, au déſavantage des Diocèſes & des Evêques. Parmi les divers ouvrages du très-ſçavant & très-pieux Prêtre Jean de Jean, dont pluſieurs ont été imprimés à Rome, il y a une hiſtoire des Séminaires Epiſcopaux, qu'il a dédiée à Benoît XIV, de très-illuſtre mémoire. L'Auteur y prouve, avec la plus grande évidence, qu'on ne devroit jamais mettre ces Séminaires ſous la direction d'aucune eſpèce de Réguliers; & les raiſons fortes & convaincantes, qu'il en donne, prouvent beaucoup plus, ſans comparaiſon, contre les Jéſuites que contre tous autres. Ce qui s'eſt paſſé à l'égard de M. de Verthamont, dernier Evêque de Luçon, donne le ſceau aux preuves, d'ailleurs ſi démonſtratives, de notre Hiſtorien. Je m'en rapporte au récit que l'on a donné des démêlés, des contradictions, des perſécutions, des actions téméraires & inſolentes, auxquels ce digne Prélat a été en but de la part des Jéſuites. Cette relation a été imprimée il n'y a pas long-temps : on y lit entre autres que ces dangereux ennemis eſſayerent, en mettant le feu à ſon Palais, de le faire périr lui-même dans cet incendie, comme ils l'en avoient menacé; & que leur projet n'ayant pas réuſſi, ils ont eu recours au poiſon, qui l'enleva du monde en très-peu de temps. (a)

(a) Les preuves de ce double fait ſont-elles bien authentiques ? On n'oſeroit l'aſſurer.

Je m'étois proposé d'être court ; mais je m'apperçois que je me suis plus étendu que je ne le voulois, en vous parlant des écoles &. des Séminaires des Jésuites ; quoique cependant je n'aie touché que la plus légère partie de ce qu'on en pourroit dire , & de ce qu'on trouve déjà imprimé dans différens ouvrages : mais si je voulois entrer dans le détail des autres biens que les bénits Peres se vantent de faire,ce seroit alors que je m'embarquerois sur une mer sans fond & sans rive. Je passerai donc sous silence leurs Missions dans les Indes Orientales & Occidentales ; on a déjà publié sur ce sujet de quoi former une bibliothèque particuliere. Le Secrétariat de la Propagande conserve d'ailleurs une multitude presque innombrable de pièces authentiques , certaines, qui prouvent que dans ces Missions les Jésuites mêlent l'Évangile avec l'impiété , & qu'ils n'ont d'autre but que de se servir desdites Missions pour couvrir le commmerce qu'ils font par tout le monde depuis plus de cents ans.

Je veux cependant vous rapporter divers endroits d'une Relation concernant la Mission du Tunquin, que Monsieur Cerri fit pour le Pape Innocent XI, parce qu'il n'en est dit que deux mots, en passant, dans l'Appendice à la page 89. Cette ébauche me paroît suffire seule pour vous donner une juste idée des Missions des Jésuites , & pour confirmer & authentiquer tout ce que l'Auteur de l'Appendice dit sur cette matiere dans le paragraphe que je viens de citer.

Quoique la Relation de M. Cerri soit imprimée, ce que je vais en extraire sera d'autant plus à sa place, que les Jésuites, suivant

leur coutume, en ont fait disparoître presque
tous les exemplaires (*a*). Voici donc en quels
termes M. Cerri, qui étoit Secrétaire de la
Propagande, écrivoit en 1678 à un Saint Pape,
qui fit beaucoup de cas de tout ce qu'on lui
dévoiloit, ainsi que la justice le demandoit,
& qui ne traita pas de calomnies ce qu'on lui
faisoit sçavoir. « Le Saint Siége n'ayant d'au-
» tre vue, dit la Relation, que de favoriser
» & d'accroître les progrès de l'Evangile dans
» les Royaumes de la Chine, de la Cochin-
» chine, de Camboya, du Tunquin, & au-
» tres ; excité d'ailleurs par les Relations que
» les Jésuites, & en particulier le P. Alexan-
» dre de Rhodes, Avignonois, donnoient
» de ces pays, jugea, suivant le projet, le
» conseil & les sollicitations dudit Pere, qu'il
» convenoit d'envoyer, dans les pays susdits,
» des Evêques qui ne s'occuperoient qu'à
» l'instruction des naturels du pays, & qui en
» ordonneroient quelques-uns Prêtres pour
» en être secondés. Le Saint Siége crut, avec
» grande raison, que c'étoit le vrai moyen,
» l'unique même, d'établir, de maintenir,
» & d'étendre la Foi de Jesus-Christ dans ces
» contrées; d'autant plus qu'on ne pouvoit
» pas y envoyer de l'Europe autant d'ouvriers
» qu'il en faudroit. (Ce projet étoit avantageux, & l'exécution en étoit nécessaire,
puisque c'étoit la seule voye que l'on pouvoit prendre pour étendre le Christianisme;

____

(*a*) Cet ouvrage a été réimprimé, en françois,
en 1716 à Amsterdam, in 12. Ce qui regarde le
Tunquin commence à la page 198.

maïs les Jésuites s'y sont toujours opposés ;
leurs vûes ambitieuses, & leurs intérêts ne
pouvoient s'en accommoder ; & c'est ce qu'il
étoit nécessaire que la Congrégation comprît.)
„ Pour exécuter ce grand dessein, continue
„ M. Cerri, on trouva plusieurs Prêtres Fran-
„ çois, tous sçavans, pieux, pleins de zele ,
„ qui s'offrirent de travailler à cette œuvre à
„ leurs propres dépens. Sur ces offres , le
„ Pape Alexandre VIII créa trois Evêques
„ in partibus, qu'il envoya, avec la qualité de
„ Vicaires Apostoliques, à la Chine & dans
„ les autres Royaumes adjacens, avec un
„ nombre suffisant de Prêtres. Ces Mission-
„ naires pénétrerent dans les Indes ; mais la
„ Congrégation sçait quelles contradictions
„ ils ont eu à souffrir de la part des Jésuites ,
„ qui se regardant comme étant venus les
„ premiers dans ces quartiers (le Pere Rhodes excepté, qui étoit un Jésuite bâtard, étant
honnête homme, au moins à cet égard, &
craignant Dieu) « supporterent fort mal de
„ se voir assujettis à des Vicaires Apostoli-
„ ques. Ils crurent avoir perdu une grande
„ partie de l'estime qu'ils prétendoient s'être
„ acquise, & souffrirent avec impatience de
„ ne plus dominer, comme par le passé, sur
„ l'esprit de ces peuples, (voilà l'orgueil
jésuitique & pharisaïque qui leve la tête)
„ sentant bien que ces mêmes peuples se-
„ roient bien plus frappés de la bonté & du
„ désintéressement des Vicaires Apostoliques.
(Voilà un deuxiéme personnage qui paroît
sur la scène ; l'intérêt.) « Il arriva de-là
„ que les Jésuites commencerent, soit dans
„ les assemblées publiques, soit même dans

„ les chaires ; à les décrier pour leur faire
„ perdre au moins une partie de leur crédit.
„ Livrés à un esprit de schisme aussi condam-
„ nable qu'il étoit pernicieux , ils faisoient
„ courir parmi ces peuples des lettres pour
„ les porter à ne point reconnoître ces nou-
„ veaux venus , à ne leur point obéir ; & ils
„ leur insinuoient que c'étoit des Evéques
„ intrus , des Hérétiques ; & que les Sacre-
„ mens administrés par leurs Prêtres , étoient
„ nuls & sacriléges. Sur cette supposition , ils
„ les réitéroient en effet sans cesse , préchant
„ qu'il valoit mieux s'en passer , même à l'ar-
„ ticle de la mort , que de les recevoir de
„ leurs mains. Il suivit de-là que ces Mis-
„ sionnaires décriés ainsi , & persécutés par
„ les Jésuites (qui comptoient pour rien de
faire perdre tout crédit à des Vicaires Apostoliques au milieu même des Nations infideles , pourvu qu'eux - mêmes maintinssent
leur propre crédit.) « Il suivit de-là que les
„ uns furent envoyés à l'Inquisition de Goa ,
„ d'autres chassés d'une maniere inhumaine
„ par les Princes Gentils ; & quoique les
„ Vicaires tâchassent de se faire respecter &
„ craindre , en produisant les Brefs écrits en
„ leur faveur par Alexandre VII , Clément
„ IX , & Clément X , cependant les Peres
„ Fuciti & Marini , qui étoient les plus achar-
„ nés contre eux , le premier , parce que le
„ Pere Michel des Anges , Augustin , qui gou-
„ vernoit l'Eglise de Macao , lui avoit donné
„ des lettres de Vicaire , & le second ; parce
„ qu'un Bref d'Alexandre VII , adressé aux
„ peuples du Tunquin , lui avoit accordé le
„ même titre , prétendirent qu'ils étoient les

„ chefs de cette Miſſion , & ſoutinrent publi-
„ quement que les Vicaires que Rome avoit
„ envoyés étoient Janſéniſtes. (Car il faut
bien mettre toujours ceux-ci en jeu : & Dieu
ſçait quelle eſpece de bêtes étoient ces prétendus Janſéniſtes aux yeux des Mammelus du
Tunquin. Nous autres Européens nous n'a-
vons pû encore ſçavoir ce qu'ils ſont.) « Les
„ Bulles que ces Miſſionnaires montroient ,
„ les Jéſuites les traitoient de ſubreptices ;
„ d'où ils concluoient qu'on ne devoit point
„ leur obéir, ni les regarder comme de vé-
„ ritables Paſteurs. Pour donner plus de poids
„ à leurs imaginations dénuées de tout fon-
„ dement, ils affectoient de répandre, qu'à
„ la ſollicitation de la Couronne de Portu-
„ gal, le Pape leur avoit accordé autant
„ d'Evêques de leur Ordre qu'ils en avoient
„ demandé ; & qu'actuellement il y en avoit
„ deux à Macao, l'un pour le Japon, & l'au-
„ tre pour la Chine & le Tunquin. Que de
„ plus, toutes les Bulles qui n'étoient point
„ enregiſtrées à la Chancellerie de Portugal,
„ étoient invalidement obtenuès, n'ayant pas
„ la clauſe dérogatoire aux priviléges de cette
„ Couronne; ils ſe ſervirent deſſcélérats & d'a-
„ poſtats (& non certainement Janſéniſtes),
„ & donnerent les premieres places à ces
„ Chrétiens qui défendoient avec le plus d'é-
„ loquence les droits imaginaires de la Cou-
„ ronne de Portugal, & les priviléges de la
„ Société, (*à qui le Saint Siége a tant d'obli-
gation*) « & qui étoient le plus en état de
„ les ſoutenir contre l'autorité même du Saint
„ Siége. Cette conduite réduiſit les infortu-
„ nés Miſſionnaires à une ſituation ſi affli-

„ géante, qu'ils furent obligés de députer à
„ Rome, pour exposer le triste état où ils
„ étoient, & demander qu'on pourvût aux
„ moyens d'arrêter la destruction de cette
„ moisson qui avoit coûté tant de peines &
„ de travaux, & faire sentir que, moyen-
„ nant les suppositions des Jésuites, les nou-
„ veaux Chrétiens ne sçavoient plus qui ils
„ devoient croire, les uns doutant qu'ils eus-
„ sent été légitimement promus au Sacer-
„ doce, les autres s'ils avoient bien été ab-
„ sous de leurs fautes. Ils ajoutoient qu'une
„ si grande agitation, & une si violente in-
„ quiétude, produisoient les plus fâcheux
„ inconvéniens ; que les impostures conti-
„ nuelles desdits Religieux, & de leurs parti-
„ sans, augmentoient sans cesse l'embarras
„ de leur situation, les Missionnaires se voyant
„ décrédités de jour en jour ; que ces Peres
„ épioient continuellement l'occasion de les
„ faire chasser de ces Royaumes, & que par
„ leurs artifices incroyables à quiconque n'en
„ seroit pas bien instruit, ils les avoient
„ calomniés même auprès des Puissances de
„ l'Europe. Ces trop justes plaintes furent
„ portées au Pape Clément X ; & sur la re-
„ quête de la Congrégation, le Saint Pere
„ expédia de nouveaux Brefs, qui confir-
„ moient les premiers qui avoient été accor-
„ dés en faveur desdits Vicaires Apostoliques,
„ & augmentoient leur Jurisdiction. Il aug-
„ menta aussi leur nombre, en choisissant,
„ pour quatriéme Vicaire à la Chine, un Do-
„ minicain Chinois, qui, étant naturel du
„ pays, pouvoit plus facilement introduire la
„ Religion dans ce vaste Empire. Ensuite de

,, quoi il fut ordonné au Général des Jésuites
,, d'apporter les remedes convenables aux
,, divisions causées par ses Religieux, & d'y
,, employer toute son autorité. (Il l'aura fait
certainement, comme le Pere Ricci l'auroit
fait en Portugal s'il eût été averti, ainsi qu'il
le dit dans son Mémorial présenté à Clément
XIII.) « Le Général écrivit en effet une
,, lettre très-pressante & très-vive, pour en-
,, joindre à ses Religieux d'obéir aux susdits
,, Vicaires. La lettre fut remise à l'Agent ou
,, Député de ces derniers. De retour aux In-
,, des, il la remit à ceux qu'elle concernoit
,, mais ceux-ci se contenterent de lui répon-
,, dre qu'ils avoient d'autres ordres de leur
Général. (Hélas, voici donc le charme levé !
Les Réflexions qui parlent de ces contre-let-
tres, ne disent donc rien que de vrai ?)
,, Qu'en arriva-t-il ? Les Jésuites continue-
,, rent, comme auparavant, à persécuter les
,, Vicaires, &, au mépris le plus évident du
,, S. Siege, (qui cependant leur conserve
toujours le titre de Fils bien dignes de l'attention de leur mere,) ils persévérerent à
,, les traverser dans tous leurs travaux, & à
,, arrêter l'effet des Brefs & des Bulles, tou-
,, jours en supposant méchamment, qu'on
,, ne pouvoit enfreindre les droits de la Cou-
,, ronne de Portugal. Les Vicaires Aposto-
,, liques se virent donc contraints de faire
,, partir un nouveau député, chargé de faire
,, de nouvelles instances, & de représenter
,, avec une nouvelle force, que si l'on ne
,, remédioit pas aux opiniâtres oppositions
,, des Jésuites, ou que le Saint Siege ne les
,, rappellât point, leur zèle, leurs soins, leurs

I v

,, travaux pour avancer l'œuvre du Seigneur,
,, ne ferviroient qu'à augmenter le mépris
,, que l'on affectoit pour eux , & à les faire
,, plus cruellement perfécuter. Qu'ils ne
,, pourroient s'accorder en rien avec lefdits
,, Peres, quoique plufieurs fois ils euffent re-
,, cherché d'agir de concert avec eux. Très-
,, Saint Pere, dit à cette occafion M. de Cer-
,, ri, il y a maintenant trois ans que l'on de-
,, voit tenir une congrégation pour exami-
,, ner ces très-importantes affaires. Mais elle
,, a été différée jufqu'aujourd'hui , parceque
,, la Cour de Portugal a fait entendre, d'a-
,, bord par fon Réfident , & enfuite par fon
,, Ambaffadeur actuel, qu'il falloit que le Roi
,, fon Maître fut entendu. Les prétentions
,, de cette Couronne confiftent dans la no-
,, mination des Evêchés des Indes ; & par-
,, ceque les Royaumes commis aux foins des
,, Vicaires Apoftoliques, font fuppofés être
,, dans les diocèfes de *Macao* & de *Malaca*,
,, la Cour de Portugal voudroit dépouiller
,, ces Vicaires de leur jurifdiction, & y éta-
,, blir les Peres de la Société ; le pere Ma-
,, rini, ayant déja été nommé pour gouver-
,, ner l'Eglife de Macao. J'ai follicité plu-
,, fieurs fois l'Ambaffadeur, au nom de la
,, Congrégation, de donner par écrit les rai-
,, fons du Roi fon Maître, afin de mettre la
,, queftion en état d'être réfolue ; il a toujours
,, demandé du temps pour écrire en Portu-
,, gal & en obtenir les enfeignemens nécef-
,, faires ; & loin de les produire, il a fait
,, inftance auprès de la même Congrégation,
,, & de votre Sainteté, pour qu'on lui faffe
,, part des motifs qui portent à difputer la

„ fufdite nomination ; mais la Congrégation
„ ne l'a pas jugé convenable, comme étant
„ contraire à l'honneur & à l'autorité du S.
„ Siége. Et comme la Congrégation fe de-
„ voit raffembler pour l'affaire des Jéfuites,
„ fur la fin de l'année derniere 1677, M.
„ l'Ambaffadeur a employé tous fes efforts
„ pour l'empêcher, prétendant qu'il devoit
„ y être entendu comme chargé des intérêts
„ de fon Maître. (Ne pourroit-t-il pas fe
faire que les Jéfuites euffent remué la Cour de
Portugal ? Je ne l'affure point, je ne forme
fur cela aucun jugement : ce n'eft qu'un foupçon que le Diable m'a mis dans la tête ; &
fur cet article, je le chaffe, commme on
chaffe les penfées déshonnêtes.) „ La Con-
„ grégation a cependant pris plufieurs expé-
„ diens pour éteindre le Schifme, s'il eft
„ poffible : mais je ne puis vous les expofer
„ ici, parce que votre Sainteté a commandé
„ le fecret au S. Office.

Les Jéfuites, & leurs aveugles partifans,
diront-ils qu'ils croyent faire une offrande
agréable à Dieu, en mettant tout en œuvre,
vaines clameurs, difcours menfongers, pour
foutenir leur crédit ? Diront-ils que M. Cerri
étoit un homme *malveillant*, un impofteur,
un calomniateur, un ennemi des Jéfuites, un
Janfénifte, un homme poffédé du Démon ?
Donneront-ils ces qualifications à la lettre
que M. le Cardinal de Tournon a écrite dé
fa propre main, datée de Macao, le 11 Dé-
cembre 1707, & dont on a un long extrait dans
l'édition des lettres de M. Couet, que l'on a
fait cette année à Naples ? Porteront-ils le
même jugement de la relation fi claire, fi

bien détaillée, de la mort de ce grand Cardinal, faite par le Chanoine Angelita, son Secrétaire, que l'on a imprimée à la suite desdites lettres de M. Couet ? Est-ce dans les Missions de Jesus-Christ, comme les Jésuites veulent qu'on nomme les leur, que ces Pères ont appris à attirer par artifice des sujets à leur Société ; ainsi qu'ils ont fait à l'égard du jeune Paul Bon, de Provence, connu sous le nom de M. Lamaure, à qui le Préfet de la Congrégation d'Ambrun apprit, que lorsqu'il diroit ce verset de l'Office de la Sainte Vierge, *afin que nous devenions dignes des promesses de J. C.*, il devoit le changer en ces paroles, *afin que nous devenions dignes pour les Missions de J. C.*, voulant faire entendre par-là, que leurs Missions sont celles de J. C. même ? Au reste, ce n'est pas une chose nouvelle que les Jésuites aient eu l'audace, & l'impudente témérité de se mettre en parallele avec J. C. Je pourrois entasser sur cela autorités sur autorités, anciennes & modernes. Mais je me contente de celle de la lettre du Jésuite à un Seigneur Milanois, dont je vous ai déjà parlé plusieurs fois. Ce parallele y est porté jusque dans les choses où il peut avoir moins lieu. Ecoutez, & soyez dans l'étonnement. L'Auteur y compare ses confreres à J. C. dans l'humilité, la patience, & la paix, avec lesquelles ils se laissent persécuter en Portugal, sans répondre un seul mot à tout ce que l'on écrit contre eux ; il fait sur cela un abus horrible de ces paroles de l'Evangile : *mais Jesus gardoit le silence* ; & quoiqu'il le fasse dans la lettre la plus impertinente, la plus injurieuse, & la plus chargée d'infâmes calom-

nies contre toute la terre , que l'on ait pu
écrire, il a l'effronterie d'ajouter, au milieu
de toutes ces horreurs, que les Jésuites *hum-*
bles, tranquilles, & gardant le silence, souf-
frent en paix, & que la regle que leur a donnée leur saint Instituteur, est de faire du bien
à ceux qui les outragent. Mais je ne suis
point surpris de lire toutes ces choses dans
une lettre manuscrite d'un Jésuite, puisque
je les trouve pareillement dans la préface de
certaines Thèses imprimées, il y a deux ou
trois ans, & soutenues dans le Collège Romain, par Jean-Jacques de la Pigna, revêtu alors de l'habit de Jésuite par une vo-
cation particuliere ; dirai-je de sa personne
à la Société, ou de la Société à son riche
Patrimoine ? Quels éloges ne donne t-on pas
dans cette préface à l'humilité Jésuitique !
C'est elle, y est-il dit, *c'est elle qui fait qu'ils*
parlent toujours avantageusement de ceux qui
se montrent leurs ennemis ; qu'ils ne font au-
cun mal à ceux qui leur en ont fait , ou qui
leur en font ; qu'ils n'attaquent la réputation
de qui que ce soit ; qu'ils ont au contraire des
égards pour tous, & qu'ils ne cherchent à
déprimer personne. Non seulement on entend
ces forfanteries dans leurs discours, ce qui
seroit en quelque sorte supportable, mais ils
les écrivent, ils les publient. Lisez ce qui
suit dans la même préface : *Je comprends fa-*
cilement, y ajoute-t-on, *qu'ils soient si modé-*
rés dans leurs discours, si attentifs à ne bles-
ser personne, puisque lorsqu'ils écrivent, lors-
qu'ils mettent quelque chose au jour, pour leur
propre défense, ou pour celle des leurs, ce
n'est jamais ni la colere, ni la haine, qui leur

fait prendre la plume, & cette modération dans leurs discours, & cette sagesse dans leurs écrits, viennent de la même source, de leur charité pour le prochain : (*Ex charitate adversus proximos ;*) ce sont les paroles de la préface citée. Vous voyez, cher Ami, quelle est la charité des Jésuites. Ils ont bien fait de se servir du mot *Adversus,* qui signifie aussi bien *envers,* que *contre ;* parce qu'en effet *la charité des Jésuites,* ne peut s'entendre que de la haine perpétuelle, des embuches, de la vengeance, des fourberies, en paroles & en faits, & en faits de toute couleur, contre quiconque ne se rend pas leur esclave. Mais on n'est pas empressé de recevoir des marques de la charité des bénits Peres. Non, non, ne desirons point qu'ils nous fassent du bien, ni qu'ils nous rendent aucun service. Il suffit qu'ils ne nous fassent pas toujours tort ; qu'ils ne nous persécutent point, qu'ils n'attaquent point notre réputation par la calomnie, comme ils ont coutume de faire, & qu'ils n'entreprennent point sur notre vie par le poison, le fer, ou les armes à feu. Quoi ! un Ordre si étrange a l'audace de se qualifier de *Compagnie de Jesus ;* & l'Auteur de la lettre citée aura l'effronterie de se vanter que c'est *par une inspiration particuliere du S. Esprit* quelle porte ce nom ? Qu'on lise l'histoire de cet Ordre, & l'on sçaura que cette qualification a soulevé tout le monde, & que lorsque les Jésuites se présenterent pour être reçus en France, on leur prescrivit plusieurs conditions, dont une étoit de quitter les titres de *Compagnie de Jesus,* & de *Jésuites,* & de prendre une autre dénomination. Aujourd'hui, si on devoit leur donner un nom; on devroit les appeller *les Peres de la calomnie*, comme les a baptisés, depuis quelques mois, un homme très-distingué dans les Lettres, & nommer leur Ordre, *la Compagnie ou la Société du Calomniateur*, en se servant du mot Grec pour se mieux expliquer, & se faire mieux entendre. Voulez-vous voir maintenant quelles sont ces œuvres dont ils vantent tant la bonté, qu'ils se glorifient tant de faire pour la gloire de Dieu, & qu'elles ne sont pas telles qu'ils le disent? Faites attention que ce n'est pas la charité qui les produit; d'où il suit qu'elles ne peuvent être bonnes, selon saint Gregoire : *toute branche, dit ce Pere, dont la racine ne réside pas dans la Charité, ne peut avoir la verdeur d'une bonne Œuvre.* Cette ardeur que les Jésuites montrent pour l'éducation & l'instruction de la Jeunesse, & pour étendre le regne de la Foi, n'a donc d'autre source que leur propre intérêt, leur ambition, & la vanité qu'ils ont d'attirer tout le monde à eux. La Pologne nous en offre un exemple tout récent. Par leurs intrigues, leurs impostures & leurs mensonges, ils y ont arraché du Roi un Edit qui leur donne la permission d'enseigner les sciences, & qui l'ôte à tous les autres Réguliers. Cet Edit ne paroissant pas encore suffisant: (car qui est-ce qui a jamais suffi aux Jésuites ?) Ils ont, par le moyen de nouvelles cabales, extorqué furtivement à Rome une confirmation du présent Edit, en abusant de la bonté & de la clémence de ceux qui les protégent. Il est bien vrai que dès que le Roi a été informé de la vérité, & qu'il a compris le

deſſous malin que l'exrérieur lui cachoit , il
à pris une réſolution fermè , & digne d'un
Roi , de révoquer ſon Edit , & de rejettèr le
Bref confirmatif ; & il a fait l'aĉion la plus
glorieuſe qu'on puiſſe attendre d'un Souverain , qui eſt d'avouer qu'on l'avoit ſurpris ,
& de rémédier à la faute où il étoit tombé
ſans le ſavoir ; enſorte que l'on peut dire , *s'il
ne ſe fut point trompé , il auroit moins fait.*

A l'égard des Miſſions qu'ils font au milieu
des Catholiques , & dont on a pluſieurs relations imprimées , on ſçait que tout le fruit
qu'elles produiſent , c'eſt de mettre la diſcorde , le trouble & le ſchiſme entre les Curés
& leurs Paroiſſiens , entre les Evêques & le
Clergé , & de répandre parmi le peuple leur
morale très-relâchée , ſuivant la réforme que
j'ai indiquée ci-deſſus ; enfin qu'ils ne donnent
que des apparences & des dehors , pour tromper & ſéduire les ſimples , ou ceux qui ſont
plus ruſés , mais qui veulent bien donner dans
le piége. On peut dire la même choſe de
leurs catéchiſmes & de leurs prédications ,
contre leſquels les Catholiques ont tant jetté
de cris , qu'on les a entendus de toute part ,
que l'on puniroit ſévèrement dans d'autres
Réguliers , s'ils catéchiſoient , ou s'il prê-
choient de la même maniere ; & dont on a
publié diverſes relations qu'on ne peut lire
ſans indignation. Mais la juſtice d'aujourd'hui
épargne les corbeaux. Ici même , à Rome ,
ſans aller chercher des preuves au dehors ,
on a entendu des Jéſuites prêcher en faveur
des ſpeĉacles , de la fréquentation des caba-
rets , & autres doĉrines auſſi pernicieuſes.
Que l'on veuille bien prendre ſur ſoi d'aſſiſter

quelquefois à leurs catéchifmes ou inftructions familieres, & l'on fe convaincra qu'ils n'expliquent pas la doctrine fainte & fans tache du Sauveur, de maniere à éclairer l'efprit & à toucher le cœur, mais de façon à faire rire tout un Auditoire, à l'exception de ceux qui ont un peu de lumiere & de crainte de Dieu, qui pleurent amerement de voir *l'abomination & la défolation placées dans le lieu Saint, & le dogme corrompu introduit dans l'Eglife,* felon que le dit Saint Jerôme. Je ne parle point de leurs confeffions. Quel bien font-ils en effet par cette voye dans l'Eglife du Seigneur, puifque l'on voit que la plus grande partie de ceux & de celles qui fréquentent fouvent leurs confeffionnaux, ne changent point de vie? Feu M. Couct l'a bien montré dans fes lettres, quel bien ils peuvent faire dans l'exercice de ce miniftere; quoique pour obliger les bons Peres, on ait mis lefdites lettres dans l'*Index* des livres défendus, ce qui eft d'autant plus déraifonnable, que quand on n'auroit pas eu bien des raifons pour ne point agir ainfi, on auroit dû s'interdire cette défenfe, ne fuffe que parce que l'Auteur eft le même qui a engagé le Cardinal de Noailles à accepter la Conftitution *Unigenitus;* que d'ailleurs, tout ce que l'Auteur demande, eft que les Evêques faffent ce à quoi ils font étroitement obligés, d'examiner avec foin ceux à qui ils permettent de s'affeoir dans le Tribunal de la Pénitence; & qu'il montre évidemment que les Jéfuites en font indignes, comme l'Archevêque de Tolede l'a reconnu en 1552, & comme l'ont penfé tant d'autres Prélats, qui ont refufé de les employer dans ce miniſtere ; ceux-là par une raiſon ; ceux-ci par d'autres. Je ne parle point des communions, qu'au mépris des ſages défenſes de l'Egliſe, ils veulent toutefois que l'on appelle *générales*, mais qui ne méritent cette dénomination, que parce qu'ils admettent à la ſainte Table *les bons & les méchans*, tant ceux qui ont, que ceux qui n'ont point la robbe nuptiale, ſi néceſſaire cependant, ſi rigoureuſement exigée par Jeſus-Chriſt, par les Apôtres, & particulierement par Saint Paul, de même que par les Saints Peres & les Conciles, pour ne point s'en approcher indignement, & pour ſa propre condamnation. Mais ce n'eſt point ni ce qui les occupe, ni ce qui les intéreſſe ; ils ne s'embarraſſent, ils ne font eſtime que du nombre des ſaintes hoſties qu'ils diſtribuent ; ils les comptent par oſtentation, & ils ont grand ſoin de publier la quantité qui a été conſommée. Je ne parle point de leurs exercices ſpirituels ; j'en laiſſe l'examen réfléchi à qui écrira la vie du Pere Malagrida, que les Jéſuites ajouteront probablement au rôle de leurs Martyrs. Je paſſe tout cela ſous ſilence, parce que, à moins que d'être abſolument aveugle, on voit bien que tous ces actes ne font dans la vérité que des feuilles d'or faux, que l'hypocriſie en cache toute la laideur, & qu'elle dore, pour ainſi dire, les pilules réellement empoiſonnées qui font tomber dans les plus grands péchés ceux qui les avalent. On ſçait auſſi, (& c'eſt ce qui perce le cœur de la douleur la plus vive) on ſçait que ceux de qui l'on a droit d'attendre plus de lumieres, & qui font placés pour être les sentinelles de l'Eglise du Seigneur, soit par ignorance, soit par paresse, soit par malice, se laissent amuser & tromper, & qu'ils laissent arracher de leurs mains des lettres de recommendation en faveur des Jésuites, où l'on étale, même avec la plus grande pompe, le grand bien, mais imaginaire, que ces bénits Peres font dans leurs Diocèses. Ce qui augmenteroit mon affliction, ce seroit de voir que l'on s'en tint à ces lettres, parce que le jugement favorable que l'on y porte de ceux qui en sont l'objet, seroit de la plus grande conséquence pour tout le Christianisme. Mais j'espere de la miséricorde de Dieu, qu'il aura assez de pitié de son Eglise, pour ne le pas permettre. Je l'espere d'autant plus, que les premiers Pasteurs voyent bien que ces témoignages avantageux ne sont extorqués que sous de faux prétextes, par cabale, & par artifices ; & qu'ils sçavent mieux que moi, qu'il en est arrivé de même à l'égard de l'impie Pélage, qui se présenta au Concile de Diospolis avec une multitude de lettres semblables, que divers Evêques lui avoient accordées de bonne foi, parce qu'il avoit eu l'adresse de se présenter dans leurs Diocèses avec un extérieur de piété & de dévotion, & paroissant tout occupé des exercices d'un véritable Chrétien, tellement que Saint Augustin lui-même le qualifia pareillement *de Chrétien admirable*. Ils sçavent aussi, & ils ne l'ont point oublié, ce que le même Saint Augustin a écrit depuis, au chapitre 25 de son livre *des gestes des Pélagiens*, à l'occasion de ces lettres présentées au Concile de Diospolis : *Que servent à Pélage toutes*

ces louanges que les Evêques lui ont données
dans ces lettres qu'il penſoit faire valoir en ſa
faveur, qu'il offrit à lire, qu'il produiſit comme
autant de témoignages avantageux ? Comme ſi
ceux qui l'entendoient parler avec une ſorte
d'onction, & qui le voyoient montrer un zèle
ardent pour exhorter les autres à la vertu,
avoient pû facilement ſçavoir qu'il cachoit ſous
ce beau dehors une doctrine ſi condamnable ?
A l'exemple du ſaint Docteur, ceux qui ſont
à la tête des autres, par leurs lumieres, feront
attention, & ils l'ont déjà fait, que des Evêques qui entendent les prédications & les inſ-
tructions véhémentes, & en quelque ſorte
pleines de zèle pour exhorter à la vertu, que
font les Jéſuites, qui voyent celles de leurs
autres actions qui font le plus de bruit, qui
ſont témoins de leurs éclatans exercices, en
apparence pleins de piété, ſont encore moins
en état de ſçavoir, non ſeulement que les
Jéſuites tiennent à la doctrine & aux ſentimens qu'on leur reproche, mais, à plus forte
raiſon, qu'ils pratiquent ce dont on les accuſe.
Comment les Evêques d'Allemagne, de France & d'Italie ſçauroient-ils ce que ces hommes, dont ils ont une ſi bonne opinion, font
dans des pays éloignés d'eux de pluſieurs milliers de lieues, & hors du monde qu'ils ha-
bitent ? Quel commerce ils ont depuis l'ex-
tremité de l'Orient, juſqu'à celle de l'Occident : Quelles ſont les uſurpations qu'ils ont
faites ſur les Rois d'Eſpagne & de Portugal,
dans des provinces qu'ils connoiſſent à peine, & qu'ils n'ont vu tout au plus que ſur
des Cartes de Géographie. Quelle ſorte de
preuves ou de certificats ſont-ils en état d'op-

poser à une sentence juridique, & portée après l'examen le plus réfléchi, qui les condamne comme coupables de Régicide ?

Les Lettres qui sont venues d'Espagne à la Sécrétairerie d'Etat, & dont le Cardinal Torreggiani dans celle qu'il a écrite au Nonce à Madrid, que croyez-vous qu'elles soient ? Sinon le fruit de l'intrigue & de la cabale des bénits Peres. Oui, ce sont eux qui ont fait entendre à ces bons Prélats, que l'on répandoit en Espagne une multitude d'écrits pleins de malignité, de Libelles diffamatoires contre la Compagnie de Jésus, ce qui étoit absolument faux ; qui les ont engagés à en écrire à Rome, afin que de-là ces Lettres pussent circuler ; & à extorquer du Cardinal Torreggiani la susdite Lettre au Nonce, qui a fait aussi peu d'honneur à Rome qu'elle à été utile aux Jésuites ; parce que, de même que les Lettres d'Espagne en ont imposé à Rome, ainsi la Lettre de Rome a trompé l'Espagne, & induit l'Inquisition de Madrid à procéder contre les prétendus libelles. C'est ainsi qu'ils ont mis en mouvement tous les autres Evéques, leurs esclaves, qu'ils ont achetés les uns par promesses, les autres par menaces, ou qu'ils ont pris avec les filets de la prévention & de l'ignorance ; & ils feront venir (si cela n'est déja fait secrettement,) de semblables Lettres, adressées à notre St. Pere. Ce n'est pas une chose nouvelle. Leur Pere Tellier, Confesseur de Louis XIV, fit bien venir un amas de Lettres des Evêques de France, que ces Prélats avoient écrites au Roi contre le Cardinal de Noailles, Archevêque de Paris, qui avoient commencé à indifpofer ce Monarque contre le Cardinal, pour qui il avoit toujours eu beaucoup d'eſtime & de bien-veillance. Mais par un événement que l'on n'avoit pas prévu, la Providence permit, après l'arrivée d'une trentaine de ces Lettres, que l'on remît au Cardinal celle que l'Abbé Bochart de Saron, qui avoit été Jéſuite, écrivoit à l'Evêque de Clermont, ſon oncle, dans laquelle on trouva la minute dreſſée par le Pere Tellier, qui devoit ſervir de modele de celles que chaque Evêque devoit ſouſcrire, comme pluſieurs l'avoient déja fait, & être renvoyées au Roi: c'eſt ainſi que l'intrigue fut découverte & divulguée. Ce qui s'eſt fait eſt la copie de ce qui arriveroit aujourd'hui. Mais les gens ſages : Que dis-je ? tous ceux qui ont une étincelle de ſens commun, & que la pareſſe n'obſede pas, ſont perſuadés que toutes ces lettres ne ſont que la production des Jéſuites; jamais, autrement, il ne ſeroit venu à l'eſprit de notre Maître, & jamais il n'auroit échappé à la plume du Secrétaire d'Etat de qualifier la Société de *corps reſpectable de Religieux qui ont bien mérité de l'Egliſe, & dont l'Inſtitut favoriſe ſans interruption, & accroît tous les exercices les plus avantageux à la Religion & au ſalut des ames.* Notre ſaint Pere ſçait qu'il a condamné les etreurs du Pere Berruyer, comme ſentant l'héréſie. Il ſçait que le Livre qui les contient, a mis le complément au ſcandale. Il ſçait avec quelle obſtination la Société entiere défend & continue de publier ces erreurs qui ſont ſi directement contraires à la Foi. Il ſait que dès l'origine & dès la fondation de cette Société,

tous ses Religieux se sont opposés, par-tout
& en tous lieux, aux Décrets, aux Brefs,
Bulles & autres Constitutions des Papes, qui
n'étoient pas à leur gré, comme on l'a prouvé avec la derniere évidence, & par les pieces les plus authentiques & dont on ne peut
récuser l'autorité, dans l'Appendice ou *Supplément aux Réflexions*, où l'on donne, par
ordre chronologique, un abrégé historique
de toutes les injustices des Jésuites, de toutes
les injures qu'ils ont dites, & de toutes les
désobéissances qu'ils ont commises envers les
Papes, depuis Paul IV. jusqu'à Clément XIII
inclusivement. D'où il résulte que c'est avancer un mensonge grossier que de dire que ces
Peres *ont bien mérité de l'Eglise*, & que c'est
l'effronterie la plus orgueilleuse à ces Peres
de se vanter, comme ils le font partout,
qu'ils sont l'appui & le soutien de l'Eglise.
On ne peut lire sans indignation ces paroles
de la lettre du Jésuite au Seigneur Milanois,
déja citée : *ainsi naquit, ainsi crût l'Eglise,
dont la Société est le soutien principal & singulier.* Peut-on en effet un orgueil plus impudent & plus contraire à la vérité ! Le même
ajoute : *Tant que nous montrerons notre zele
à combattre l'ignorance, le vice & l'héréfie,
toutes les batteries de l'enfer continueront à être
dreffées pour nous renverser.* Le pauvre Pere
a pris le chauge : au lieu du terme *combattre*,
il devoit employer celui d'*accroître*; parce
qu'en effet les Jésuites, par la mauvaise méthode qu'ils suivent & font suivre dans les
études, accroissent l'ignorance, que leur morale augmente les vices, & que l'altération
qu'ils font des Ecritures, favorise l'héréfie.

On lit encore dans la même lettre, *que l'E-
ducation de la jeuneſſe eſt le vrai but, & la principale occupation de leur ſaint Inſtitut.* On a
vu en quoi conſiſte cette éducation dont ils
font tant trophée. L'Auteur ajoute enſuite,
par un ſurcroît de forfanterie, *que le Pape a
pris la défenſe de toute la Compagnie en écrivant au Nonce à Madrid, de rendre publiques
les rares & ſingulieres prérogatives de la Société, & de montrer ſon amour paſtoral pour
un Ordre le plus utile à l'Egliſe,* qui (c'eſt
l'expreſſion de l'Auteur) *trouve réunis dans
cette ſeule pauvre Compagnie, tous les talens
répandus dans tous les autres Ordres enſemble :*
(voilà le mépris ordinaire que les Jéſuites
font de toutes les autres Sociétés religieuſes :)
& *qui montre un déſintéreſſement héroïque.* (Qui
le croira !) *qu'en manquant de ſon principal
ſoutien* (c'eſt-à-dire de la Société) *l'Egliſe
ſouffriroit un dommage irréparable ; que c'eſt
pour ſoutenir la pureté de la Foi, l'intégrité
des bonnes regles, la fréquentation des Sacre-
mens, & les droits du S. Siége, qu'elle a ſa-
crifié ſa vie même dans les pays infideles, &
que dans les pays catholiques elle a riſqué ſes
propres biens, &c.* Par où elle a prouvé cette
aveugle obéiſſance que les Jéſuites ont jurée au
S. Siége dans leur Profeſſion ſolemnelle. Et à
qui cet impudent fauſſaire a-t-il donc cru
parler ? A des inſenſés, ſans doute ; ou à des
gens qui viendroient de tomber de la lune
ſur la terre. S'il s'eſt imaginé de ſoutenir par
tant de menſonges le crédit de ſes Confreres, il s'eſt trompé ; il leur nuit beaucoup
plus qu'il ne les ſert. Que l'on pourroit faire
de beaux commentaires ſur ces ridicules forfanteries

fanteries ! Mais on en trouve affez dans les *Réflexions* dans , le *Supplément* à cet écrit , & dans tant d'autres ouvrages qu'on a mis depuis quelque tems au jour. Un des fervices que les Jéfuites fe vantent de rendre à Dieu , & qui frappe le plus les yeux du petit peuple, & qui leur concilie plus de partifans , c'eft la dévotion envers la très-fainte Vierge, qu'on ne peut trop exalter en effet , puifque cette dévotion fait honneur à toutes les Eglifes : auffi n'y a-t-il point de Diocèfe , point d'Ordre Religieux où on ne la prêche , où l'on n'en infpire le zele ; ni de coin du monde chrétien où on ne l'embraffe avec la plus grande ardeur. Les Jéfuites fe font érigés en Avocats d'une partie de cette dévotion , je veux dire de celle qui concerne l'Immaculée Conception, mais à leur maniere , c'eft-à-dire , felon leurs vûes particulieres , & non pas qu'ils ayent plus de dévotion pour la Mere de Dieu. En effet s'ils avoient pour elle une vénération véritable, ils ne foutiendroient point , ils ne défendroient point , ils ne vanteroient point partout leur Pere Berruyer , qui, dans fes ouvrages, a fi étrangement dégradé la dignité & les prérogatives de fon Divin Fils. Leur but donc en tâchant d'étendre le culte de l'Immaculée Conception, c'eft de décrier auprès du peuple les difciples de S. Dominique, & S. Thomas leur Maître. Et ne croyez pas que ce foit là un fruit de mon imagination. Pour vous montrer le contraire , je vais vous rapporter une Lettre du Pere de Lugo , depuis Cardinal , écrite à un Jéfuite de Madrid, quoiqu'elle ait déja été imprimée : la voici.

K

LETTRE du Pere de Lugo, depuis Cardinal, à un de ses Confreres à Madrid.

» Que votre Révérence fasse ensorte que
» ceux qui dépendent d'elle s'appliquent avec
» soin, dans les lieux où ils sont, à ranimer
» la dévotion à la Conception, pour laquelle
» les Espagnols sont très-affectionnés ; afin
» de voir si par ce moyen nous ne pourrons
» pas mettre en jeu les Dominicains qui nous
» font ici beaucoup de peines en défendant
» S. Augustin. Je pense que si nous ne ve-
» nons point à bout de leur susciter des em-
» barras sur quelqu'autre matiere, ils triom-
» pheront de nous sur les points principaux
» qui sont agités dans les Congrégations *de*
» *Auxiliis.* » &c.

Si cette Lettre ne suffit pas pour convain-
cre que les Jésuites ne montrent point tant
de zéle pour l'opinion de l'Immaculée Conception, par une dévotion particuliere envers la Sainte Vierge, vous en serez persuadé si vous vous rappellez ce qu'ils firent depuis l'aiguillon que la Lettre du Pere Lugo
leur avoit donné. Vous vous souviendriez
d'avoir lu quelque part ; & au moins dans le
ch, 32 du quatriéme livre de l'histoire des
Congrégations *de Auxiliis*, qu'ayant pris la
figure ou statue de S. Thomas, ils la por-
terent processionnellement, en signe de mépris & pour l'outrager, dans les places publiques & dans les rues les plus fréquentées
& les plus habitées, suivis d'une multitude
de gens de la lie du peuple ; & qu'au milieu
des sifflemens & des hurlemens de la canaille,

ils crioient, en frappant la statue, *sans péché originel, sans péché originel.* Comment pourroit-on prendre pour un zéle qui honore la Reine de tous les Saints un mépris si marqué envers un saint Docteur de l'Eglise, aussi distingué, & qui a bien réellement *beaucoup mérité de l'Eglise.* Je ne crois pas qu'on puisse produire de plus forte preuve pour faire voir ce qu'on doit penser du bien spirituel, & du service de Dieu, qui vienne de la part des Jésuites. Aussi n'en dirai-je pas davantage sur cet article.

Ils vantent, comme un grand bien, d'avoir, dans toutes leurs Eglises, une longue file de Confessionnaux toujours ouverts ; mais si c'étoit le zéle du salut des ames qui les fit asseoir dans ces Tribunaux de la pénitence, feroient-ils jouer tant de ressorts pour attirer à leurs Confessionnaux les personnes les plus distinguées, les plus riches, celles qui ont le plus de crédit, &c. Que d'intrigues n'ont-ils pas formées ? Quels manéges ne mettent-ils pas encore en jeu pour devenir les Confesseurs des Têtes couronnées ! N'ont-ils pas eu l'impudence de faire insérer dans les articles de la Paix conclue en 1721, que le Roi de France devoit prendre un Confesseur Jésuite ? N'ont-ils pas fait apposer la même conclusion dans les articles dressés pour le mariage du Duc de Savoie & de l'Infante d'Espagne, (*a* quoique par la grande sagesse de la Cour de Sardaigne, cette clause n'ait

---

(*a*) L'Auteur n'a pas été bien informé : on assure que ces faits sont absolument faux, ou du moins qu'on ne peut en produire de preuves.

point eu d'effet. Ils ne s'efforcent point de se procurer la direction intérieure de ceux qui tiennent les rênes du Gouvernement, pour leur apprendre à bien administrer la justice ; rien ne seroit plus juste, & plus utile au public ; mais pour faire honneur à la Société, pour l'engraisser, pour augmenter ses établissemens ; encore seroit-ce là le moindre mal : mais ils s'en servent pour satisfaire leur esprit de vengeance, pour persécuter les plus gens de bien, ceux qui ont le plus de capacité, & qui ne font point, ni ne veulent être leurs esclaves. Il y a de tout ceci des exemples innombrables. Je me contente de vous dire que ce fut un Jésuite, Confesseur du Gouverneur de Milan, qui engagea ce Seigneur à faire souffrir les longues persécutions que S. Charles Borromée eut à essuyer de la part dudit Gouverneur. Consultez l'Historien de la vie de ce saint (l. 5. ch. 7.) (a) & vous verrez qu'après avoir fait le récit des tracasseries étonnantes auxquelles le saint Archevêque fut exposé de la part d'un homme de la plus haute noblesse, bon catholique, nommé Gouverneur d'un Etat considérable & policé, par un Roi Catholique & très-sage, il ne fait aucune difficulté de rejetter la faute d'une conduite si peu chrétienne, sur les conseils de son Confesseur. Il est vrai qu'il ne le dit pas bien clairement, qu'il se contente de le faire entendre, soit par la peur des Jésuites, soit pour quelqu'autre motif ; mais le mot de l'énigme est déclaré sans équivoque

---

(a) Dans la traduction françoise il faut lire, outre le chap. 7 du livre 5, le 1 chap. du livre 6.

dans des lettres & dans des écrits du temps.
Voici les paroles de l'Auteur : » Je croirois
» volontiers , dit-il , qu'un homme de la
» premiere nobleffe, né dans le fein de la
» vraie Religion, choifi par un Roi Catho-
» lique & très-fage, pour être à la tête d'une
» Province très-floriffante , a péché plûtôt
» par la malignité d'un confeil étranger , que
» par la dépravation de fon efprit propre :
» mais j'ai honte de dire par le confeil , ou
» avec l'approbation de qui il s'eft fi mal con-
» duit. «

Saint Charles l'en avertit plufieurs fois
avec beaucoup de modération , *mais fes avis
furent inutiles. Tant il fe complaifoit en lui-
même , & tant il avoit d'autorité.*

Comme je me fuis trop étendu , je vais
réunir en abrégé cent autres chofes que j'aurois pu dire au fujet des biens & des fervices
tant vantés que les Jéfuites fe glorifient d'a-
voir fait & rendu à l'Eglife. Je dirai donc
feulement deux mots de leurs exercices. Perfonne n'ignore le fruit que ceux du vénérable Pere Malagrida ont produits à Lisbonne.
Ici , à Rome , ils ont fait de ces exercices à
certains Juriftes dans la vûe de les engager
à faire diverfes écritures pour difculper les
Peres Portugais des crimes énormes dont ils
fe font rendus coupables. Tels font les fruits
fpirituels que les Jéfuites retirent d'une œuvre qui eft bonne en foi. Ils ont l'induftrie
du Bourdon , qui tire du venin des mêmes
fleurs où l'Abeille prend la matiere de fon
miel. C'eft ce qu'a bien compris le très-fage
& très clairvoyant Sénat de Venife , quand
il a ordonné au Seigneur Pierre Gradenigo

de se faire rendre les clefs du magnifique Palais de Chico, qu'il avoit abandonné aux Jésuites pour y faire des exercices spirituels aux Gentilshommes, aux Bourgeois, aux Marchands & aux Prêtres, & qu'il lui a enjoint de louer à d'autres ou d'habiter lui-même ce Palais. Le même Sénat a envoyé pareillement des ordres à tous les Recteurs de Terre-Ferme de faire fermer toutes les maisons où l'on s'assembloit pour de pareils exercices. Que vous dirai-je de leurs Prédications? Vous sçavez ce qui en est; & qui est-ce qui ne le sçait pas? Vous sçavez quels bruits leurs Sermons font tous les jours en France, & combien il y a eu, & il y a encore de ces Peres, ou interdits par les Evêques, ou exilés par les Magistrats. Quels maux leurs discours n'ont-ils pas causés dans ce Royaume dans le temps de la Ligue! Le Pere Matthieu, Lorrain, & plusieurs autres de ses Confreres n'ont-ils pas prêché partout contre Henri IV. comme contre un hérétique déclaré? Combien n'en a-t-on pas chassé de Rome, à cause des prédications qu'ils faisoient dans leur Eglise du Giezu, dans le temps que l'on bâtissoit le Palais Altieri! Il n'y a encore que quelques années que le P. Alberti, prêchant à S. Pierre du Vatican, soutenoit, dans un Sermon sur la Confession, que l'attrition seule étoit suffisante pour remettre les péchés dans le Sacrement de pénitence; & que telle avoit été la décision du Concile de Trente. Jamais mensonge fut-il plus évident? ce Jésuite ne craignit pas cependant de le prononcer dans la Chaire de vérité, sans aucun respect pour l'illustre Clergé devant qui il parloit, quoique compofé de tant d'hommes habiles qui connoiffent parfaitement la doctrine du Concile. Auffi, par un exemple fingulier, ce Clergé ne voulut-il pas retenir le Prédicateur pour une autre année. Que ne dirois je pas : (mais j'en dirois beaucoup trop) fi je voulois dépouiller tous les Sermons de Carême qu'ils ont mis au jour ? Voyez feulement ceux du Pere Paul *Segneri*, qui a mérité de fe faire un nom à caufe de fon éloquence, & de la pureté de fon ftyle : Lifez, en particulier, fon difcours fur la Prédeftination ; vous n'y verrez qu'une doctrine abfolument contraire à celle de S. Auguftin & de S. Thomas, & par conféquent à l'enfeignement de l'Eglife. Cette légere efquiffe fuffit pour faire voir avec quelle fauffeté l'on a ofé avancer que la Bulle de vifite & de réforme, donnée par Benoît XIV, rend la Société inutile au progrès du culte divin, du falut des ames, & à fervir le S. Siége, comme le Pere Ricci le dit dans fon Mémorial. C'eft elle-même qui s'eft rendue inutile; elle ne le feroit plus étant réformée, fi elle étoit capable de l'être ; fi fes Membres ne s'y fuffent pas toujours oppofés ; & fi, encore aujourd'hui, ils ne faifoient pas tous leurs efforts pour empêcher cette réforme. Je termine ici ma critique, de peur de vous ennuyer plus longtemps ; je ne l'ai déja que trop fait. Je ne voudrois pas au refte que vous vous miffiez en tête quelque vain fcrupule, foit pour moi qui l'ai écrite, foit pour vous qui l'avez lûe. Il y a ici, à Rome, certains dévots féduits, & d'une confcience fauffement délicate, qui décident hardiment, que les Auteurs des *Réflexions*, de l'*Appendice* ou *Supplément*, & de quelques autres petits écrits également estimables ; de même que ceux qui les lisent ; que dis-je ? qui les fleurent, qui les touchent même du bout du doigt, sont tous la proie du Diable.. Mais ces mêmes dévots ne se font aucun scrupule de traiter le Roi de Portugal d'impie & d'adultère ; & ses Ministres, d'hérétiques, d'injustes ; de gens vindicatifs, qui se livrent à leurs passions sans aucun motif réel :.fondés sur cette maxime, que ces dévots croyent inébranlable, que les Jésuites sont infaillibles, & que le monde ne peut avoir de vérité certaine & assurée, qu'autant qu'elle est scellée de la décision jésuitique. Que les Jésuites fassent un mélange de l'Evangile avec l'idolatrie ; que ces bénits Peres ayent empoisonné le Cardinal de Tournon ; qu'on en ait les preuves les plus authentiques, des témoignages donnés sur le vu des choses, & envoyés à Rome ; qu'on tienne ces certificats de MM. Maigrot, Fouquet, Mezzabarba, des peres Céru, Viani, Castorano, Miralta, des Abbés Cordero & Rippa, du Chanoine Angelita, qui reçut les derniers soupirs de cet illustre Cardinal, & beaucoup d'autres : que font ces témoignages ? Ils ne prouvent rien, puisqu'on n'y voit pas le sceau des Jésuites. Il en est de même du commerce universel que font ces Religieux ; des usurpations qu'ils ont faites de Provinces entières, des révoltes qu'ils ont excitées à Porto & ailleurs. On a des preuves sans nombre de tous ces faits : mais preuves nulles : l'essentiel leur manque ; la signature des Jésuites, qui nient tout. Ils

font coupables de parricide, & d'avoir con-
jurés contre la facrée perfonne du Roi ; on
l'a prouvé juridiquement : les criminels ont
été convaincus. Mais a-t-on l'adhéfion & l'a-
veu du Sanhédrin jéfuitique ? Non ; l'un &
l'autre manquent : tout eft donc en défaut,
rien ne prouve. Les Lettres de M. de Palafox, celles du Martyr Sotelo, la Relation
des Secrétaires de la Propagande, le Décret du Cardinal de Saldanha, & cent autres
Pièces authentiques, ne font que des chif-
fons propres au feu, s'ils n'ont pas l'approbation des Jéfuites. Quiconque ne l'a pas,
cette approbation, doit être exclu des emplois,
des charges, des bénéfices, &c. Ce n'eft pas
affez ; il faut le regarder comme un ennemi
du S. Siége, quelque piété qu'il ait, quoiqu'il foit un très-bon Chrétien, un excellent
Eccléfiaftique, un homme retiré, ftudieux,
très-fçavant ; quelque zèle qu'il ait pour la
défenfe de la Morale de l'Evangile, & de
la doctrine de faint Auguftin & de faint Thomas. Fut-ce même une Communauté entière
qui donnât l'exemple de toutes les vertus,
il n'importe ; fi elle n'eft pas approuvée des
Jéfuites, tout eft empoifonné. Eux feuls
portent la vérité dans leur fein ; eux feuls
ont fur leur poitrine le Rational, l'Urim &
le Tumim ; &, quoiqu'ils foient contraires à
l'Evangile, il n'eft pas libre de les condamner ; ou fi on le fait, ce doit être en fecret. On ne doit faire aucune attention à
toutes les raifons, à toutes les autorités, à
toutes les recommandations qui ne viennent
pas des Jéfuites, ou de leurs partifans. Il n'y
a qu'eux que l'on doive écouter & croire ;

K v

c'eſt à eux ſeuls qu'il faut complaire, quoique tout le reſte du monde s'en dégoûte. Ils ſont les ſeuls qu'il faut ſeconder, même à la ruine des autres, & à la ſienne propre; & dont il faut maintenir le crédit, même à notre propre détriment. Toutes ces conſéquences, ſi étranges, ſi injuſtes, partent du premier principe que j'ai expoſé; &, malgré leur injuſtice, toutes ſont ſuivies. Ceux qui ſe déclarent les partiſans des Jéſuites, dont l'ignorance ſemble accroître le zèle, les embraſſent toutes ſans ombre de ſcrupule; ſans réfléchir aucunement que des injuſtices ſi criantes, & qui n'ont point d'exemple, n'ont point d'autre fondement que la règle, que la maxime dont j'ai parlé; & parce qu'ils ſe ſont mis dans l'eſprit que la vérité & la juſtice ſont concentrées dans le Jéſuite, que lui ſeul eſt infaiilible & impeccable, qu'il n'y a que lui d'éclairé, & que tout le reſte des hommes n'eſt qu'erreur, ténèbres & péché. Mais ſi cela étoit ainſi, il ne faudroit pas tant prêcher qu'on doit ſoutenir le crédit des Jéſuites, & eux-mêmes ne ſe trouveroient jamais dans le cas. La vérité & la juſtice ſont cette maiſon établie *ſur la pierre ferme*, qui n'a pas beſoin d'être étayée pour réſiſter aux vents & aux inondations. Cependant il y a plus de cent ans que leur pere Sacchini (I. 3, n. 16,) a avoué que ſa Société avoit beſoin de ces étayes. » Il eſt » avantageux de faire attention, dit-il, » quelle perte il en réſulteroit pour le bien » public ſi nous venions à voir diminuer » cette autorité, qui eſt notre appui, & » qui nous eſt ſur-tout néceſſaire pour

» faire du progrès « : c'est-à-dire, pour l'expliquer en notre langage Toscan, si nous perdions ce crédit, qui est l'unique appui qui nous sert à gouverner les sots, & dont nous avons besoin pour aller en avant, & pour faire & faire faire tout ce qu'il nous plaît, tout ce qui est avantageux à notre bourse, chacun voit que la Société iroit en déroute. A l'égard de ce que l'on appelle *le vulgaire*, vous sçavez que, par ce terme, l'Arioste entend toute sorte de personnes, jusqu'aux Monarques même, quand ils ont un esprit vulgaire, obscur & peu éclairé, & un cœur petit & foible ; ensorte que les Jésuites se sont montrés, jusqu'à ce jour, comme des Marchands banqueroutiers, qui, par le crédit, peuvent bien obtenir quelques mois de délai, mais non plus. Or, comme ce seroit folie de vouloir régler un Marchand qui a manqué, & que plus sa faillite est ancienne, plus celui qui a dessein de mettre la règle dans ses affaires, doit avoir soin de le soutenir sur pied ; de même ce seroit folie de vouloir soutenir aujourd'hui le crédit des bénits Peres, qui croule évidemment de tous côtés. Malgré cela, le pere Général a tenté jusqu'à deux fois de porter le Pape à le charger de cette entreprise, qui est si pesante, qu'elle accableroit de son poids Atlas lui-même. Que veulent-ils donc encore ? Pourquoi tant de suppliques ? Déjà ils ne peuvent plus avoir lieu, ni de se plaindre, ni de rien attendre de la clémence du Pape. Ils peuvent écrire, sans flatterie, au-dessus de tous les portraits qu'ils ont dans leurs maisons, ce mot qu'ils ont

K vij

choifis eux-mêmes , comme par une pré-
voyance prophétique , mais non chrétienne :
Ils ont éprouvé que Jupiter étoit Clément pour
eux. En effet , comme le chœur de toutes
les vertus eft raffemblé dans ce fouverain
Pontife , fa clémence , pour les Jéfuites, a
brillé auffi au-deffus de toutes les autres ; il
l'a mis en œuvre , & n'a rien épargné pour
fauver leur crédit autant qu'il a été en lui.
Quoiqu'il fe foit vu obligé de condamner
les fentimens erronés fur la Trinité , fur la
perfonne de Jefus-Chrift & fur la Grace ,
répandus dans les Ouvrages du pere Berruyer ; de cenfurer de même les écrits que
les Confreres de l'Auteur ont entrepris pour
fa défenfe ; de prononcer l'excommunication contre ceux qui liroient ces divers écrits
ou qui les retiendroient , de même que les
traductions que les Jéfuites en ont faites en
différentes langues : quoiqu'encore il foit
connu de tout le monde que , malgré ces
défenfes & ces cenfures , les révérends Peres ne ceffent d'en prêcher & d'en recommander la lecture , d'en faire l'acquifition
& de les retenir , cependant l'excès de bonté du Pape pour eux eft tel , que , pour maintenir leur crédit , il les a toujours careffés ,
admis dans fon palais , à fa propre audience ; que notamment le pere Général fe trouve à cette audience tous les lundis ; que le
S. Pere eft allé , avec une diftinction particulière , dans leurs Eglifes , ainfi qu'il y a
été le jour de faint Jofeph , où il commu-
nia un grand nombre de perfonnes. Dans
une de fes dernières retraites à la campagne ,
au lieu de vifiter S. Jean-de-Latran , felon

fon ufage & celui de fes prédéceffeurs, parce que c'eft la principale Eglife & la demeure propre des Papes, & que la fituation en eft très-avantageufe, pourquoi, par quel autre motif que d'obliger les Jéfuites & de foutenir leur crédit chancelant, vifita-t-il l'Eglife de leur noviciat de faint André ? Un Cardinal, délégué du S. Siége, juge & condamne les Jéfuites comme Clercs commerçans, & comme ayant encouru les cenfures portées par tant de Bulles qui défendent le commerce aux Clercs ; que fait le Pape ? afin que les bons Peres ne perdent pas un iota de leur crédit, par une humanité incroyable, il n'a pas fait faire la moindre démarche contre aucun d'eux. Mais feulement, pour faire taire, en quelque forte, les remords de fa confcience, il a publié une Lettre circulaire, par laquelle il exhorte tous les Evêques à procéder contre tous les Eccléfiaftiques commerçans, tant féculiers que réguliers, mais fans nommer les Jéfuites. Il a mieux aimé donner lieu de foupçonner qu'il y a d'autres Eccléfiaftiques qui commercent, quoiqu'ils n'y ayent jamais penfé, que de laiffer croire tant foit peu que la Lettre circulaire eut les Jéfuites en vue : il fçait très-bien cependant que, jufques dans la pénitencerie de faint Pierre, où les Jéfuites ne font que précairement, & comme à loyer, & où il ne doit demeurer que les Prêtres qui confeffent à faint Pierre & un petit nombre de laïcs, autant qu'il en faut pour fervir ces Prêtres, les bénits Peres vendent, à tous venans, toutes fortes de denrées qui fe confomment pour la bouche, des œuf

mêmes , des poiſſons ſecs , du vinaigre , &c.
Peut-on un Pere plus affectionné , plus rempli de charité , & qui puiſſe s'intéreſſer plus
fortement à ce que les Jéſuites ayent une
bonne réputation ? Ses Miniſtres ont fait
plus encore : car , que n'ont-ils pas tenté
pour faire croire que les Jéſuites étoient innocens , & pour empêcher qu'ils ne tom-
baſſent dans le diſcrédit ! Il n'y a pas de
ſoin qu'ils n'ayent pris , point d'attention
qu'ils n'ayent eue pour rechercher & répri-
mer quiconque avoit ſeulement donné la
plus légère marque de peu de reſpect pour
la Société. Le Laïque , dont j'ai dit un mot
plus haut , qui fut exilé pour avoir procuré
à un de ſes amis l'Appendice , ou Supplément aux *Réflexions* que je critique , quoique cet écrit ne fut point défendu ni cenſuré
comme médiſant ; ce Laïque, dis-je , ne fut
expoſé à cette peine que pour faire voir au
monde quelle charité l'on a pour les bénits
Peres , quel zèle on témoigne pour eux ,
& combien on travaille efficacement pour
maintenir la bonne réputation de la Société , que *les événemens du Portugal* , ſelon
l'expreſſion du pere Ricci , ont fait un peu
baiſſer , & ont anéanti même aux yeux de
bien des gens ; & comme ce n'eſt que dans
cette louable vue , & non pour quelque autre raiſon, que ce Laïque a été chaſſé, c'eſt
auſſi dans la même vue qu'on a ſoutenu le
pere Stefanucci, qu'on l'a même applaudi,
quoiqu'il vende, au ſçu de tout le monde,
& comme on l'a publié dans quelques écrits
imprimés , les Ouvrages du pere Berruyer ,
bien que proſcrits & cenſurés par deux Pa-

pes, & qui ne reſſemblent en rien aux Réflexions & à l'Appendice, écrits faits contre
une Moinerie, Congrégation ou Société,
comme on voudra la nommer, illuſtre, ſi
l'on veut, louée & exaltée, tant qu'il plaira, mais cependant compoſée d'hommes
comme les autres Sociétés, que les Jéſuites le veuillent ou qu'ils ne le veuillent
pas. Il eſt vrai que les Ouvrages du pere
Berruyer ſont injurieux à Jeſus-Chriſt & à
ſon Egliſe ; qu'ils attaquent la divinité de
notre Rédempteur, le myſtère de ſa grace,
le dogme du péché originel ; qu'ils ſont injurieux aux ſaints Evangiles, aux écrits di-
vins des Apôtres, & à toute la Tradition.
Mais la Charité, *qui ſouffre tout*, ſouffre
encore ceci pour maintenir le crédit des Jéſuites ; ce que je ne crois pas qu'on ait jamais fait pour quelque autre Ordre que ce
ſoit. Vous ſçavez que j'aime, que j'admire,
que j'eſtime aſſez les Jéſuites : mais je ne
ſçais ſi je pourrois jamais me réſoudre à tenter de ſoutenir leur crédit aux dépens de la
vérité & de la juſtice ; & ſi je pourrois le
faire légitimement ; ſi, pour le faire, j'en
étois réduit, comme dans le cas préſent, à
ſouffrir la tache d'être injurieux envers les
Papes, & outrageux envers les Rois, les
Cardinaux, les Evêques, & autres perſonnes
dignes de conſidération ; d'être calomniateur,
de noircir la réputation des gens de bien : je
craindrois, au contraire, de pêcher grièvement
contre la Loi naturelle & contre la loi de
Dieu. Il eſt vrai que l'on a vu cette condeſcendance dans ſaint Charles Borromée,
& qu'il avoit mis d'abord une partie de ſa

piété à soutenir le parti des Jésuites. Quoiqu'un de ces Peres se fut ingéré de lui-même à prêcher à Milan , *sans en avoir aucunement obtenu la permission du S. Cardinal*, comme on le lit dans les notes sur la vie de ce grand Saint (l. 5 , ch. 7,). Quoique ce même Jésuite eut déclamé indécemment en Chaire contre le même Prélat : *Cet illustre Archevêque dissimula néanmoins pendant quelque temps une conduite si irréguliere ; il en avertit ensuite, mais avec beaucoup de douceur & de modération , les Supérieurs du Jésuite , & les instruisit des termes séditieux que celui-ci avoit employés , afin qu'ils arrêtassent , par leur autorité , une impudence que rien ne pouvoit excuser : mais il n'agit pas lui-même contre le coupable ;* c'est-à-dire, le Saint dissimula d'abord ; il avertit ensuite les Supérieurs de celui dont il avoit tant lieu de se plaindre , mais il ne conclut rien ; *d'où il arriva que le Prédicateur , devenu plus impudent , se porta jusqu'à cet excès de parler ouvertement contre les Décrets , Statuts & Ordonnances du S. Archevêque, & même contre l'autorité du Pape. Une licence si effrénée,* continue l'Auteur de la vie de saint Charles , *donna lieu à beaucoup de personnes de blâmer l'excessive patience de ce Prélat, &c.* Le Juge des causes de la Foi , pour la Province de Milan , & l'Evêque de Lodi , qui se trouvoit alors dans la même Ville , prierent le pieux Cardinal de mettre un frein à un excès si condamnable , & lui firent sentir que de pareils discours ne pouvoient qu'être extrêmement dangereux pour son troupeau. C'est-à-dire, que l'Inquisiteur & l'Evêque de Lodi blâmèrent

ouvertement l'exceſſive charité du Saint
pour les Jéſuites, & lui firent voir qu'il ne
pouvoit favoriſer la Société, ſans nuire no-
tablement à ſon troupeau. L'illuſtre Céſar
Spezziani, ſi diſtingué par ſa très-grande piété, & par l'étendue de ſes connoiſſances,
écrivit auſſi au ſaint Cardinal une lettre,
datée du 18 Avril 1579, dans laquelle, parlant, entr'autres choſes, de l'affaire en queſtion, il dit : » Il me paroît, ſelon mes lu-
» mières, qu'on n'a jamais rien vu ici qui
» ſoit plus contraire au droit, ſi j'en ex-
» cepte l'excès de votre condeſcendance.
» Il eſt certain qu'il falloit faire jetter dans
» les fers un Prédicateur ſi impie, & je ne
» ſçais ſi, en voulant ſuivre le cours ordi-
» naire de la Juſtice, cette punition n'eut
» pas même été trop douce pour de pareils
» excès «. Malgré ces repréſentations, la
modération l'emporta encore dans le cœur
de ſaint Charles ; il en donna même un
nouveau témoignage dans cette même occaſion : il livra les procédures aux Jéſuites
afin qu'ils cherchaſſent les moyens de défendre le coupable. Spezziani l'ayant appris,
ſe crut obligé d'en faire connoître ſon mé-
contentement, & avec d'autant plus de juſtice
que l'héréſie étoit mêlée dans cette cauſe ;
& l'événement prouva qu'il avoit eu raiſon
de s'oppoſer à cette dangereuſe condeſcendance du ſaint Cardinal. *L'affaire s'aigrit,
en effet, la conteſtation fut vive, & les partiſans du Prédicateur excitèrent de nouvelles
tempêtes contre l'Archevêque de Milan.* Saint
Charles auroit dû s'y attendre ; il devoit ſe
perſuader que les Jéſuites ſe rangeroient

bien plutôt, suivant leur conduite ordinaire, du côté du Prédicateur leur confrere, quelque coupable, quelque hérétique même qu'il fut, que du côté de l'Archevêque, quoique Saint. La conclusion fut que le Cardinal consentit que l'on donnât pour prison au Prédicateur une maison de son Ordre. *Mais n cela même, il fut encore la dupe de sa modération : comme on vouloit toujours conserver, auprès du peuple, l'honneur & la réputation du coupable, celui-ci eut toute liberté de recevoir des vifites des citoyens de Milan.* Que firent, pour cela, les Jéfuites, dans la vue de fauver leur crédit ? Ils firent courir le bruit, dans Milan, que le Prédicateur étoit malade ; &, malgré la défenfe que faint Charles leur avoit faite, de le laiffer parler à perfonne, ils donnèrent entrée à tous ceux qui fe préfentèrent pour le voir. N'en foyez point furpris : il leur importoit beaucoup plus de maintenir leur crédit, que de fe foumettre à une peine fi légère, & d'obéir à un fi grand Cardinal. Ils firent même plus : toujours dans la vue du maintien de leur crédit, ils en vinrent jufqu'à décrier, en effet, le faint Prélat ; &, s'il eût été poffible, à tenter de lui faire perdre fa réputation, non feulement à Milan, mais même dans les pays les plus éloignés. *Ils envoyerent, dit l'Auteur de fa vie, plufieurs lettres remplies d'injures contre le faint Cardinal ; & y employant le menfonge, ils y défendoient les difcours du Prédicateur.* Telle eft leur conduite actuelle dans l'affaire de Portugal. De plus, ils chargèrent auffi de calomnies tous ceux

qui avoient quelque liaifon intime avec S.
Charles ; &, de même qu'à préfent, ils inter-
prêtoient tout en leur faveur. *Le criminel dé-*
clina auffi le Tribunal de l'Archevêque comme en-
nemi, & interjetta appel à Rome ; & c'eft ainfi
que l'on dit encore aujourd'hui que le Tribunal
de Lifbonne eft ennemi des Jéfuites, & qu'ils
ont recours à la Cour de Rome qui leur eft
intimement favorable. Mais quelque favorable que Rome leur foit, elle eft jufte, fans
paffion, fans préjugés qui l'aveuglent : auffi
les Cardinaux leur firent-ils des réprimandes
au fujet des lettres qu'ils avoient eu la témérité
de publier & de répandre dans les autres pays
avant qu'il y eût une Sentence définitive. Que
diroient donc les Cardinaux des Jéfuites de
nos jours, qui ont répandu tant de lettres
calomnieufes, non avant la Sentence feulement, mais depuis ? L'affaire (je parle toujours de celle du Prédicateur de Milan) fut
donc commife au Cardinal Savelli, Secrétaire du Saint-Office ; *& ce Juge,* dit l'Auteur cité, *étoit très-bien difpofé envers la So-*
ciété ; mais ni leur crédit, ni celui de leurs par-
tifans ne pût arrêter le cours de la Juftice. Le
Cardinal Savelli étoit, il eft vrai, porté pour
les Jéfuites ; mais il l'étoit plus encore pour
la juftice, pour la vérité, la confcience &
l'honneur. Les Jéfuites engagerent l'Ambaffadeur à recommander lui-même l'affaire aux
Cardinaux, & à voir chacun en particulier
dans cette intention, mais ils ne purent les
écarter de leur devoir ; enforte que tout ce
qu'ils machinerent contre Saint Charles, fut
fans effet. On peut voir quelques-unes de
leurs intrigues dans une lettre de M. Spez-

ziani du 4 de Juillet, où il dit : Que ſi Char-les n'avoit point de haine contre les Jéſui-tes , ceux-ci en avoient beaucoup contre lui , & qu'il ne pouvoit détailler tous les reſſorts qu'ils firent jouer contre ce ſaint Prélat , ni que celui-ci ne pouvoit les croire , parce qu'ils étoient en ſi grand nombre , que quel-ques Cardinaux lui avoient dit , qu'il falloit que la tête eût tourné aux Jéſuites , & qu'ils fuſſent devenus fous. *De même*, dit l'Auteur, duquel j'emprunte ce fait , & qui adreſſe la parole à S. Charles, *de même que votre cœur eſt entierement exempt de haine contre ces Peres , de même auſſi vous êtes perſuadé qu'ils ſont dans la même diſpoſition à votre égard, comme l'é-quité le demanderoit, (mais non ſelon le code de la Société , qui ne pardonne jamais.) Ce que je dis ſeulement , c'eſt que quelques Cardi-naux du premier rang m'ont déclaré ſans dégui-ſement , qu'ils croyoient qu'ils étoient tous deve-nus inſenſés ; attendu qu'ils remuent le ciel & la terre , comme s'ils vouloient exciter les plus grands orages. Ils diſent & rediſent tout ce qui leur vient à la bouche ; quoique pluſieurs excel-lens Théologiens ayent jugé que le Prédicateur, dont il s'agit, eſt coupable d'héréſie. (Et voilà le bien que font les Jéſuites par leurs Prédi-cations.)* Ces Peres voyant leur cauſe déſeſ-pérée , & que leur protégé ne manqueroit pas d'étre puni, ils eurent recours au même refuge auquel ils recourent aujourd'hui ; à engager le Pape à ſuſpendre la Sentence pour ſauver le crédit de la Compagnie.

Leur derniere reſſource , dit toujours l'Au-teur cité , *fut de ſupplier le Pape d'ordonner aux Cardinaux-Commiſſaires de ne porter au-*

eun jugement , de peur qu'une Sentence pro-
noncée contre un seul ne deshonorât tout le
Corps dont il étoit membre. Mais Saint Charles
voyant bien que c'étoit-là un de ces subter-
fuges illusoires auxquels ils ont coutume de
recourir , écrivit de nouveau pour faire exhaler en fumée ce nouvel artifice : Puisqu'ils
veulent , dit-il , faire en secret des brèches à la
justice , & déguiser la vérité en la couvrant de
fausses couleurs , je me crois en droit d'avertir
Grégoire XIII de prendre garde d'affoiblir la
foi orthodoxe , &c : Qu'ainsi , il me paroît qu'on
ne doit avoir aucun égard au péril imaginaire
qu'ils prétendent faire valoir , lorsqu'ils avan-
cent que le jugement que j'attens pourroit deshonorer dans la suite toute leur Société ; par où
il prouve que la peur de tomber dans le discrédit étoit une pure imagination. Et en effet,
Saint Augustin n'appréhenda point que son
Monastere fût décrié, parce qu'un de ses Religieux avoit commis un vol ; comme il le
démontre par beaucoup de raisonnemens dans
la longue Lettre qu'il écrivit à cette occasion;
& il feroit fort à desirer que les zélés partisans des bénits Peres lussent cette Lettre avec
réflexion, eux qui ne cessent de clabauder par-
tout en faveur du crédit de la Société. Mais
Saint Augustin étoit dans une belle position
pour prouver ce qu'il avançoit; il étoit lui-
même nn modéle de justice ; il n'y avoit aucun accord eutre lui & le Moine coupable;
il n'avoit nullement participé au vol que ce
dernier avoit fait : & je ne sçais si l'on pourroit
en dire autant du pere Général. Il paroît au
moins, par la maniere dont lui & les autres
Supérieurs de la Société agissent , qu'ils en-

trent pour quelque chofe dans les crimes de leurs inférieurs, puifqu'ils prennent la défenfe de tous. Enfin les Cardinaux donnerent leur Sentence, par laquelle ils condamnerent le Prédicateur, quoique Grégoire fut un des plus grands protecteurs de la Société que celle-ci ait eus, & peut-être qu'elle puiffe avoir. Mais les Jéfuites employerent tant de manœuvres, qu'ils parvinrent à la retenir dans le fecret, & à empêcher qu'elle ne fût rendue publique, même pendant la vie du faint Cardinal, qui ne fit plus fur cela aucune démarche. Cet événement démontre d'abord combien c'eft une chofe dangereufe que de vouloir foutenir le crédit des Jéfuites, puifqu'un Cardinal, Archevêque de Milan, neveu d'un Pape, un Prélat pour qui l'on avoit la plus grande eftime, la vénération la plus fincere, en un mot, un Saint Charles Borromée a expofé fa réputation & en Italie & au dehors; qu'il fut averti amicalement par les Evêques les plus éclairés, même par l'Inquifiteur : Et quoique fa très-profonde humilité le portât à méprifer ce qui ne regardoit que fa réputation, confidérant cependant qu'un vrai Pafteur *doit être irrépréhenfible, & confondre ceux qui agiffent autrement, & qu'il y a beaucoup de défobéiffans, de vains difcoureurs, & de féducteurs qu'il faut reprendre*, enfin que fa conduite pourroit nuire à fon troupeau, il prit la réfolution de ne plus s'embarraffer ni du crédit ni du difcrédit des Jéfuites. En fecond lieu, je conclus du même événement qu'il eft impoffible de foutenir le crédit des Jéfuites, qu'ils diffipent eux-mêmes; puifque plus les autres l'appuient, plus ils travaillent

eux-mêmes à le ruiner par leur indocilité,
leur vanité, leur orgueil, comme ils le firent
alors, & comme ils le font encore à préfent,
& qu'ils l'ont toujours fait. Si dans les circonftances préfentes, ils vouloient le foutenir ce crédit, ils devoient recourir au Pape,
le folliciter de s'entremettre pour eux auprès
du Roi Très-Fidèle, afin de l'engager à vouloir bien les remettre en grace, en offrant de
lui donner fans délai toutes les fatisfactions
que le Pape eut jugé juftes & convenables; &
non pas faire un Mémorial, par lequel, en
proteftant que c'eft le Roi qui leur eft rede-
vable, & qu'ils ont toute la raifon de leur côté, ils commettent le Pape avec un Souverain
qui a bien réellement mérité de l'Eglife, expofent à une rupture entre les deux Couronnes, & par-là occafionnent un grand fcan-
dale & un préjudice notable, tant aux Fidèles, qu'aux Hérétiques mêmes. Quoique
tout ce que j'ai dit ici foit très-fûr, quoiqu'il
foit entierement exempt de paffion, je m'attens, & j'en fuis certain, que fi jamais ma
critique tombe entre les mains des Jéfuites,
ou dans celles de fes ignorans adorateurs,
plus bigots que Chrétiens, les premiers me
traiteront de calomniateur, & les autres de
fatyrique. La vérité, qui eft toute puiffante,
me défend contre la premiere attaque, & le
Saint-Efprit me lave de la feconde tache,
avec ces paroles de Jérémie (ch. 15) qui fe
font entendre à toutes les oreilles de ceux
que la très-pernicieufe Société n'a point bou-
chées : *Ne vous taifez point fur fon iniquité,
parce que c'eft le temps de la vengeance du Seigneur* (elle ne pouvoit venir par d'autres) :

*jettez sur elle de grands cris : mettez le feu à
sa plaie, pour voir si elle pourra guérir.* Si ces
cris sont inutiles à la Société, ils ne le seront point au peuple saint du Seigneur, selon ce que dit Saint Paul (1re. à Timoth. ch.
5.) *Reprenez devant tous ceux qui sont en
faute, afin que les autres craignent.* Outre le
précepte de ce divin Apôtre, j'ai en ma faveur son propre exemple. Dans ses Epîtres,
il crie à haute voix contre les faux Docteurs,
les faux Prédicateurs qui s'immisçoient dans
les Eglises qu'il avoit fondées. Jésus-Christ
s'est comporté de même à l'égard des Phari-
siens : l'Evangile est plein des reproches qu'il
leur fait, comme il est si facile de le voir,
pour peu que l'on veuille prendre la peine de
le lire. On doit se déclarer de même contre
les péchés & contre les pécheurs de nos jours.
Or, on ne peut nier que les péchés des Jésuites de Portugal, & ceux des autres Religieux de la même Société, n'ayent tout le
caractere d'une notoriété légitime & publique depuis les Arrêts des Magistrats, les Brefs
& les Bulles des Papes. C'est un aveu que fait
lui-même le Jésuite Suarez, que son confrere
le pere Barzio met au nombre des Saints Peres
dans les Annales, qui furent, par cette raison, supprimées par un Arrêt du Parlement
de Rouen, où ce Jésuite étoit Recteur. Voici
les paroles de Suarez (*T.* iv. *de Relig. l.* 10.
cap. 12, *n.* 9.) *Il y a notoriété de droit dès que
le Juge a prononcé sa Sentence.* Cette maxime
est tirée du Corps du Droit Canon (*cap. ultim.
de Cohabitat. Clericor. & mulier.*)

Mais comment les paroles d'un homme
d'aussi peu de conséquence que je le suis, pour-
roient-

roïent-elles imprimer quelque crainte à une
Société si fiere, si orgueilleuse, accoutumée
à faire craindre tous les autres ? Comment
d'ailleurs recouvrera-t-elle la santé, si elle
méprise & tout médecin & toute espece de
remède ? Il faudroit la voix & les foudres du
Dieu tout-puissant, puisqu'elle se moque de
la parole & des anathèmes de son Vicaire.
C'est pour l'obtenir que je récite & que je répete souvent une priere très-dévote que j'ai
trouvée dans un petit Livre, & que j'exhorte
tout bon Chrétien à la réciter de même. Je
vous l'envoye, afin que vous la disiez tous es
matins, & que vous l'ajoutiez à vos autres dé-
votions.

,, Faites, grand Dieu, vous le pouvez,
,, faites tomber le bandeau fatal que ces Pe-
,, res ont sur les yeux. Délivrez-les de la ty -
,, rannie du maître cruel qui les asservit à tel
,, point, qu'ils ont voulu se soustraire à l'em-
,, pire de votre grace & de votre amour. Ar-
,, rachez-les des mains du tyran infernal qui
,, les enchaîne, & qui se rit de tous les ef-
,, forts humains, parce qu'il ne craint au-
,, cune puissance humaine, & qu'il n'y a qu'un
,, plus fort que lui qui puisse lui enlever ses
,, dépouilles. Ces infortunés, jaloux exces-
,, sivement d'une fausse liberté, sont libres
,, effectivement, mais libres de la justice, li-
,, bres pour ne point faire le bien, libres
,, pour ne point obtenir le salut ; mais en
,, même temps ils sont esclaves du péché,
,, assujettis au mal, & destinés à la perdition.
,, Seigneur, puisque vous seul le pouvez,
,, rompez en leur faveur les attraits sédui-
,, sans & trompeurs du malin esprit. Usez de

,, votre pouvoir pour troubler promptement
,, le calme funeste dans lequel ils vivent, &
,, faites éclater contre eux toutes les terreurs
,, salutaires que votre grace puissante & vic-
,, torieuse à fait éclater autrefois contre Saul,
,, ce Pharisien endurci, qui fut abbattu & ter-
,, rassé à vos pieds, & qui se releva converti.
,, Nous nous rappellons, ô mon Dieu, un
,, passage de votre Prophète Jérémie, qui
,, nous pénetre & qui nous remplit de frayeur,
,, & pour eux & pour nous. Ce saint Prophète
,, tout étonné de la fausse paix dont les im-
,, pies & ceux qui persécutent vos fidèles ser-
,, viteurs jouissent sur la terre, s'adresse à
,, vous - même, Seigneur, & vous prie de
,, lui découvrir le fond de ce mystère : *Pour-*
,, *quoi*, dit - il, *la voie des impies prospere-*
,, *t-elle ?* Pourquoi tout paroît-il réussir aux
,, impies ? Et aussitôt vous lui faites faire
,, contre eux cette terrible imprécation :
,, Qu'on les rassemble tous comme autant de
,, victimes destinées à être égorgées: Qu'on
,, les engraisse pour les sacrifier à la colere
,, du Dieu vivant : Qu'ils soient marqués içi-
,, bas d'un caractere de malédiction ineffa-
,, çable. *Congrega eos quasi gregem ad victi-*
,, *mam, & sanctifica eos in die occisionis.* Hé-
,, las ! s'ils demeurent longtemps encore
,, tranquilles dans leurs égaremens, si vous
,, ne les troublez point, si vous ne les faites
,, pas sortir de leur assoupissement par de sa-
,, lutaires humiliations, nous aurons lieu de
,, craindre, Dieu juste, Dieu saint, que c'est
,, parce qu'ils sont indignes de vos regards,
,, de sentir votre verge paternelle, à cause
,, de la corruption de leur vie, & que vous

ne réfervez pour eux & vos foudres & la damnation éternelle. Ha, Seigneur, ne le permettez pas, nous vous en conjurons. Vous fçavez, quand il le faut, vous montrer dur & cruel, par bonté: (*mifericorditer fæviens:*) Vous frappez, pour guérir: *percutis ut fanes:*) Enfin vous donnez la mort, afin que nous ne mourions pas pour toujours à vous & à votre grace: (*occidis, ne moriamur abs te (a).* Frappez-les donc, humiliez-les, affligez-les. Peu importe de quelle maniere vous vous en faififfiez, pourvû que vous les fauviez.

,, Hélas! ils font trop ingrats pour fe laiffer gagner par vos bienfaits, trop charnels pour fe laiffer guider par l'efpérance des biens invifibles, trop imprudens pour prévoir des maux qu'ils ne voyent que dans l'éloignement. Pour les remuer efficacement, il faut quelque chofe de plus. Ils ont befoin de grandes humiliations, de grandes adverfités temporelles. Permettez-moi de vous le redire, Seigneur: humiliez-les, & fignalez votre amour pour eux, en vous accommodant à leurs befoins. Affligez-les, abbattez-les aux pieds de la croix de Jéfus-Chrift, afin qu'épouvantés de leurs miferes, ils mettent toute leur efpérance en ce divin Sauveur, puifqu'il n'y a que lui feul qui puiffe les tirer de l'abíme où l'orgueil les a précipités, & qu'ils ne peuvent s'en tirer d'eux-mêmes. *Courrez-les d'ignominie, Seigneur, & ils chercheront votre nom.*

---

a) S. Auguftin dans fes Confeffions.

Il faut dire cette priere avec une grande confiance, & un cœur ardent & humble, non seulement pour ces bénits Peres, mais aussi pour leurs dévots, qui n'en ont pas un moindre besoin. Il faut changer cependant quelques termes pour ceux-ci, & dire : *Seigneur, éclairez ceux qui se reposent dans les ténèbres, & à l'ombre de la mort*, &c. Si les premiers sont éclairés, la lumiere luira aussi sur les autres. Je ne crois pas que l'on puisse réciter de priere plus convenable aux nécessités présentes de l'Eglise.

Voilà tout ce qui m'est revenu dans l'esprit en lisant les *Réflexions*. Je suis, &c.

F I N.

E R R A T A.

Page 51 *lig. derniere* : *De plus*, effacez ces mots.

Page 56, *lig.* 2 : *Dans les autres Ordres*, *lisez*, dans d'autres Ordres.

Page 66, *vers la fin* : *Un Ségol*, & un *Patoc*; *ajoutez par forme de note* : Ces deux mots signifient deux points voyelles dans la langue Hébraïque.

On supplie le Lecteur de rectifier de lui-même les autres fautes, que l'on croit peu essentielles, qui se sont glissées dans l'impression de cette traduction, laquelle n'a pu être faite sous les yeux du Traducteur.

9 782329 023533